JN128355

小さな会社の「安定経営」の教科書

85の実話から見えた“衰退”の原理・原則

Toshikatsu Ito
伊藤 敏克

Clover
クローバー出版

はじめに

経営ノウハウに関連する情報世界を見渡すと、成功事例を元にした方法論で溢れています。また、成功する方法から何かを学ぶ姿勢が当たり前のこととして世間に受け入れられているためか、多くの経営者も成功から学ぶことに対して何の疑問も抱いていません。

ビジネスの多様化は加速度的に進んでいます。

中小企業も多様化の例外ではなく、成功の論理は企業の数ほど存在し、もはや共通の成功論理など存在しないと言っても過言ではありません。ある一つの成功事例がすべての会社に当てはまる時代は、とうの昔に過ぎ去っているにもかかわらず、脚光を浴びているのは未だに成功事例ばかりです。

冷静に考えてみてください。

成功事例ばかりを学んだ経営者に、

失敗を予見する知恵があるでしょうか？
小さな失敗をかわす知恵があるでしょうか？

マイクロソフト社の共同創業者で世界を代表する大富豪のビル・ゲイツ氏も「成功は最低の教師だ」と語っていますが、実は、中小企業の安定経営に成功事例が役立つことはほとんどありません。

逆に、失敗事例は非常に役立ちます。
なぜなら、安定経営を支えるのは、失敗のない連続性だからです。

資本力が乏しく、少しの判断ミスで経営が悪化するリスクを抱えている中小企業にとって、失敗事例ほど役立つものはなく、失敗を活かす経営者の姿勢が、安定経営、ひいては、成功の礎《いしずえ》を作るのです。

約三〇〇年にわたり天下を治めた江戸幕府を開いた徳川家康は、織田信長、豊臣秀吉等、時代を共にした武将の失敗事例を徹底的に学び、成功の礎を築きました。

天下の剣術家であった宮本武蔵が追究した剣は、勝負に勝つ剣ではなく、勝負に負けない剣でした。日本のプロ野球界で選手・監督として活躍した野村克也氏は、「勝ちに不思議の勝ちあり、負けに不思議の負けなし」という肥前平戸藩主・松浦静山の名言を引用して失敗の理《ことわり》を語りました。

会社経営も同じです。

成功は偶然の産物であり、失敗は必然の産物と言われるように、失敗には法則があり、失敗するべくして失敗すると言われるほど、失敗から学べることが沢山あります。

事実、失敗から何かを学んで経営している社長と、そうではない社長とでは、会社の業績に天と地ほどの差が出ます。

経営者にとって、「会社経営は人生そのもの」である、というのが、わたしの経営観です。経営が成功すれば人生も成功するが、経営が行き詰まれば、人生も行き詰まる。つまり、会社経営の結果が、そのまま経営者の人生の幸不幸に直結するということです。

わたしは、経営コンサルタント会社創業前は一部上場企業に勤めていました。残念ながら、この会社は度重なる不祥事により、グループ解体という危機的状況に陥《おちい》りました。大企業であっても、あっけなく経営危機に陥る様は、いまでも鮮明に心の中に残っています。

経営コンサルタント会社創業後は中小・中堅企業の企業再建の仕事を数多く経験しました。その経験から、倒産する会社の特徴が何であるのか、会社を潰す社長の特徴がどこにあるのか、会社を潰す社長の問題行動がどこにあるのか等、数多くの会社の失敗事例を学びました。

また、企業再建の現場では、経営者の悲惨で惨めな末路や経営者に対する周囲の冷たい目線等、陰惨な光景を目の当たりにしました。

経営者にとって「会社経営は人生そのもの」であるという経営観は、このような原体験があって自然とわたしの中に根付いていきました。

それからというもの、

「会社経営で失敗しないためには何をすべきなのか？」

「会社経営を成功に導くためには何をすべきなのか？」

という疑問を自分自身に投げかけ、会社経営という仕事の在り方と成功の方法論を、一〇年以上の歳月をかけて真剣に考えてきました。

その結果、分かったことがあります。

それは、中小企業の失敗と成功の法則、つまり、失敗の必然性から見えてくる、成功の必然性を高める鍵が間違いなくある、ということです。

会社経営の失敗を予見し、成功を必然に近づける具体的実践方法と成功の下地を作る経営者の必須スキルとマインド。どんな中小企業であっても通用する成功の法則を発見したのです。だからこそ、「法則」と名付ける自信があります。

中小企業の失敗の法則とは何か？
中小企業の成功を必然に近づける法則とは何か？

本書では、中小企業の失敗と成功の法則と共に、企業成長を実現するために習得すべき経営者の必須スキルとマインドについても、事例を交えて解説します。

もちろん、すぐに実践できる経営実学や数多くの企業経営に関わった経験から、会社経営に失敗しないために絶対に伝えておきたいことも解説します。

本書をご覧頂ければ、企業の持続的成長に欠かせない失敗を予見し、先手を打つ盤石《ばんじゃく》な経営システムの構築法が理解できると思います。

そして、本書で解説している経営理論を忠実に実践して頂ければ、会社は間違いなく成長します。

☑ 企業の永続性を確立したい。
☑ 成長の一手が見出せない。
☑ 自己流の会社経営から脱却したい。
☑ 会社の強みを見出したい。
☑ 会社経営の不安が絶えない。
☑ 顧客離脱の対策がうまくいかない。
☑ 赤字経営から抜け出す糸口が見つからない。
☑ 経営努力をしているが、なかなか成果が出ない。
☑ 経営書を読んで勉強しているが、会社経営に活かせない。
☑ 後継者に経営の勉強をさせたいが、良い先生が見つからない。

本書は、会社経営に不安を抱えるすべての経営者に向けた経営指南書です。

経営で悩んだ時、成長に陰りが出た時、業績悪化の兆候を感じた時に本書を読み返して頂ければ、きっと成功のヒントが見つかるはずです。とくに本文中、「失敗パターン」「ダメ社長18の特徴」という形で示した計85の失敗事例（実話）は、安定経営の反面教師として非常に役立ちますのでぜひご活用ください。

中小企業において、会社を大きくするも会社を潰すも経営者次第です。

そして、不幸にも会社を潰してしまうと、社長の人生をすべて否定される、という惨めな結果が待っています。

本書は、会社の経営力を本気で上げたいと思っている経営者はもちろん、これから会社経営に挑む後継者や、将来、経営者を目指しているビジネスパーソンにもお薦めできる内容です。

あなたの会社の成長、そして、あなたの人生の成功に、本書がお役に立てることを心から願っております。

C O N T E N T S

目次

小さな会社の「安定経営」の教科書

はじめに 3

第1章 会社衰退にはワケがある！
――失敗に学ぶ！ 企業成長の原理・原則

会社の経営課題は見えているか？ 20
会社の存続こそ経営者の使命 21
「経営力」と「商品力」のバランスをとる 27
まず経営バランスの整え方を身に付ける 29
黒字経営だからと安心してはいけない 32
会社の異常は経営数値に表れる 34
経営バランスが崩れる12のパターン 36
経営バランスを崩す要因を洗い出す 48
経営計画は三つのポイントで作る 50
ポイント1 「ゴールを決める」 54

ポイント2 「経営課題を捉える」 64
ポイント3 「数値目標を掲げる」 74
【復習】正しい経営計画作りの基本 79

第2章 決断力なき企業は滅びる！
――失敗に学ぶ！　経営者の必須スキルとマインド

決断力こそ、中小企業の生命線 84
決断力の三要素① 「決断スピード」とその高め方 87
決断力の三要素② 「決断の質」とその高め方 90
決断の質は「管理会計」で決まる！ 92
決断の質は「情報量」で決まる！ 104
情報収集の失敗パターン 108
決断の質は「専門家の活用」で決まる！ 112
専門家活用の失敗パターン 115

決断力の三要素③
「決断の検証」とその高め方 117
組織力が高いほど決断の誤りをキャッチしやすい 119
組織の問題を発掘する実践的手法 124
三つのマネジメント手法を駆使する 128
「PDCAサイクル」とその失敗パターン 129
「OODAループ」とその失敗パターン 134
「QPSA活動」とその失敗パターン 137

第3章 その努力、本当に正しい努力ですか？

――失敗に学ぶ！ 企業成長を実現する経営論

【復習】企業成長のための経営システムの構築法 144
正しくない経営努力は無意味である 147
誤った経営努力で衰退した会社 150
経営者の勉強は一生続く 154
経営の軸足はどこに置いたらいいのか？ 156

軸足が決まれば経営はうまくいく 158
経営者が持つべき六方心 161
自分を変えて、会社を変える 162

第4章

はまると危険！ ダメ社長の法則

——致命的な失敗を犯さないための羅針盤

ダメ社長はなぜダメなのか？～ダメ社長18の特徴 168
01 社長の仕事をしない 169
02 サラリーマン思考 171
03 数字に弱い 172
04 どんぶり経営 173
05 会社を私物化する 174
06 器量が小さい 175
07 後継者を育成しない 176
08 多角化に走る 177
09 成長投資しない 178
10 借金で失敗する 179
11 法律違反をする 182

⑫ 問題社員を放置する 184
⑬ 横柄な態度を取る 185
⑭ 情報に疎い 186
⑮ 変化に疎い 186
⑯ 思考力が弱い 188
⑰ 意志が弱い 189
⑱ 経営ビジョンがない 190

第5章 デキる社長は数字に強い！

——会社の数字の上手な見方・使い方

会社経営は怖くない 194
不安を払拭する数字の使い方 195
なぜお金の動きを見失うのか？ 196
なぜ損益を見失うのか？ 198
お金の動きと損益を見る方法 198
人件費の適正レベルは？ 200
コストコントロールの基本 201

数字を経営に活かす方法 202

巻末 成功を支える「管理会計」の基本

管理会計入門 208
管理会計と財務分析の違い 213
業績集計表の効果 214
業績集計表のサンプル 217
中小企業に適した経営指標一覧 222

おわりに 236

装幀／齋藤　稔（ジーラム）
本文デザイン・ＤＴＰ／桜井勝志（アミークス）

第1章

会社衰退にはワケがある！

——失敗に学ぶ！　企業成長の原理・原則

会社の経営課題は見えているか？

わたしが主催している経営セミナーの席で、企業が衰退する原因が何であるかを経営者に尋ねると様々な答えが返ってきます。

売上の低迷、競争力の低下、借金の失敗、人手不足、技術力不足、景気悪化、斜陽産業化、ライバルの台頭等、その答えは経営者の考え方によって多種多様です。

確かに、どの答えも衰退の原因になり得る深刻な問題ではありますが、突き詰めて考えると、すべて一つの原因に集約することができます。

それは、経営課題の見落とし・見過ごし・見誤りです。

企業は、経営課題を見落とした瞬間から衰退が始まります。

どんなに小さな経営課題であっても時間の経過と共に衰退リスクが大きくなり、放置するほど、解消する手立てが限られていきます。

売上低迷や競争力低下などの末期症状が出始めてから慌てて経営課題と向き合っても、衰退のスパイラルから抜け出せないまま経営が破綻するケースも珍しくありません。

つまり、企業の盛衰は経営課題と向き合う姿勢一つで決まってしまうのです。

経営課題と真摯《しんし》に向き合い、課題を解消するための経営努力を続けている限り、企業が衰退することはありません。


経営課題を予見し、先手を打つスピードが、中小企業経営の生命線になります。そのスピードが遅い企業で、うまくいっているところは皆無に等しいのです。

―会社の存続こそ経営者の使命―

それでは会社経営とは、一体、どんな仕事なのでしょうか。

経営者によってその答えは十人十色ですべてが正解と言ってよいと思いますが、経営とは何かを突き詰めて考えると、営みを経ける（続ける）、という一点に行き着くと思います。

なぜなら、社会貢献、地元貢献、技術の発展、雇用の創出など、どんなに崇高な想いやビジョンがあったとしても、経営が破綻してしまっては、すべてがお終いだからです。

つまり、企業の永続性をいかに作り上げるかが、会社経営の本質であり、経営者の仕事です。

企業の永続性を確立するために必要な条件は三つあります。

「顧客創造」
「付加価値の研鑽《けんさん》」
「数字の拡大」

それぞれのポイントについて、詳しく解説します。

条件1 「顧客創造」

顧客創造は、現代経営学の発明者であるピーター・F・ドラッカーが提唱したことで有名ですが、経営の原点と言っても過言ではありません。

企業の成長は間違いなく顧客創造で決まります。

なぜなら、顧客がいなければビジネスは成立せず、新たな顧客なくして売上の拡大も、企業の成長発展もないからです。

なお、毎年二割の顧客は、常に脱落（離脱）していると言われているように、顧客創造は企業成長を支える、とても重要な取り組みになります。

顧客創造は、いま目の前にいる顧客の存在に満足しているだけでは達成されません。顧客創造の本来の活動は、既存顧客を満足させつつ、潜在顧客に対して、商品やサービスを認知してもらい、新たな顧客になってもらうことです。

ドラッカーは、「利益がなければ事業は存続できない。そして、利益の源泉は顧客である」という考えで、顧客創造を経営マネジメントの重要な核として位置付け、経営の目的は「顧客創造にあり」という考えを強く提唱しました。

わたし自身も、この考えに強く共感しており、会社経営を続けるためには、顧客創造の実践が絶対に不可欠です。

条件2 「付加価値の研鑽」

付加価値とは、商品やサービスの価値や魅力、会社の魅力や技術力、ビジネスモデルの強みなどのことで、競争の優位性を決定付ける重要な要素です。

この付加価値の研鑽の手を緩めると、時を待たずして競争力が低下してしまい、経営が行き詰まるリスクが高まります。

なぜなら、ライバル会社の台頭、最新技術や設備の陳腐化、市場や顧客の価値観の変化といった周囲の環境変化によって、瞬く間に付加価値が低下してしまうからです。しかも、ひとたび付加価値が低下してしまうと、そこから挽回するのは至難の業で、大概は成長のきっかけが掴めないまま、衰退の一途を辿ってしまいます。

会社経営を続けるためには、常日頃から周囲の環境変化に目を光らせ、その変化が自社の事業にどのような影響を及ぼすのかを真剣に考え、先手先手で付加価値を研鑽し、競争の優位性を保持することが欠かせません。

条件3 「数字の拡大」

数字の拡大とは、具体的には売上・利益・現金の拡大のことです。

売上の拡大は言うまでもありません。
また、売上は、市場規模の大きさと競争力の強さを表すため、一定規模まで拡大した方が安定成長の経営基盤が整いやすくなります。

一方、売上だけ拡大傾向にあっても、利益が縮小傾向にあれば、いずれ会社経営が行き詰まって赤字経営に陥ってしまいます。利益の拡大とは、それを防ぐものです。
中小企業の実に七割の会社が赤字経営に陥っていると言われており、不思議なことに赤字経営でありながら、経営が続いている中小企業が沢山あるのも事実です。

例えば、次のような経営状況であれば、経営は破綻しません。

「赤字金額が減価償却費よりも少ない」
「銀行借入で運転資金を補填している」
「身銭をきって運転資金を補填している」

赤字金額が減価償却費よりも多くなる、銀行や身銭から運転資金が補填できなくなる、といった事態に陥ると、たちまち会社のお金が減り始め、倒産リスクが高まります。

また、たとえ黒字経営であっても、ギリギリの資金繰りや、ギリギリの利益水準では、経済環境や市場動向といった外因によって簡単に経営が行き詰まることがあります。会社経営を続けるためには、売上拡大と利益拡大の双方に意識を振り向けることです。

現金の拡大は一番重要です。会社は現金がなくなると倒産します。この現金不足で倒産する企業が驚くほど多いのです。

二〇〇八年に起きた経済危機（リーマン・ショック）の際に、上場企業の経営破綻も相次ぎましたが、半数は黒字経営だったと言われています。また、ある年の全倒産企業の半数は黒字倒産だったというデータも残っています。

現金拡大の意識が欠落すると、経営が行き詰まるリスクが飛躍的に高まります。

また、現金は成長投資の原資でもあります。

つまり、新しい売上や新しい利益を生み出すのも現金、会社の成長を牽引するのも現金ということです。

―「経営力」と「商品力」のバランスをとる―

以上の「顧客創造」「付加価値の研鑽」「数字の拡大」という三つの条件を満たすために必要な力があります。

それは、「経営力」と「商品力」です。

ビジネスの大きさは、経営力と商品力の掛け合わせで構築されていきます。

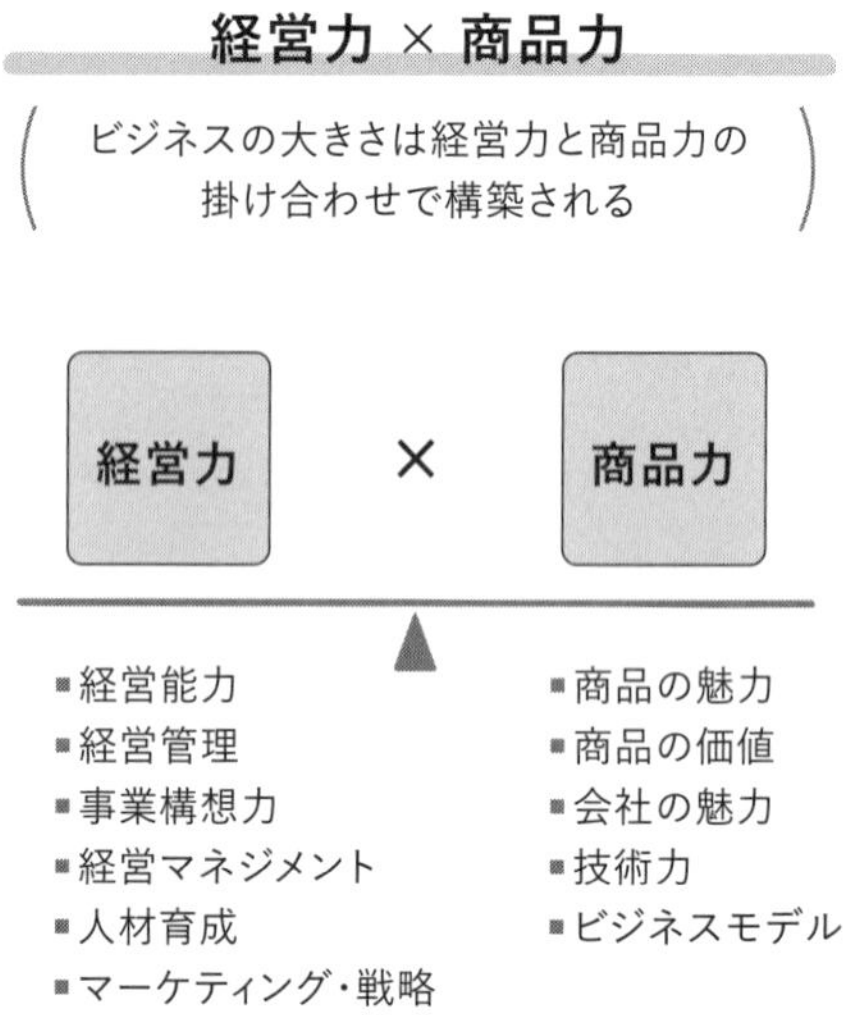
経営力 × 商品力
ビジネスの大きさは経営力と商品力の
掛け合わせで構築される
経営力
×
商品力
■経営能力
■経営管理
■事業構想力
■経営マネジメント
■人材育成
■マーケティング・戦略
■商品の魅力
■商品の価値
■会社の魅力
■技術力
■ビジネスモデル

経営力とは、社長の経営能力、経営管理の精度、経営マネジメントの実践度合い、事業構想力、人材育成力、マーケティング力、戦略展開能力等、会社経営を支える総合的な力のことです。

商品力とは、商品の魅力や価値、会社の魅力や知名度、技術力や開発力、ビジネスモデルの強みなどのことです。

経営力と商品力が高い企業は、「顧客創造」「付加価値の研鑽」「数字の拡大」が円滑に進み、企業の成長スピードが一段と加速します。

一方、経営力と商品力の低い企業は、経営努力が空回りして、業績の伸び悩みを抱えたまま衰退の一途を辿るケースが多いのです。

経営力と商品力のバランスが崩れると企業は確実に衰退します。

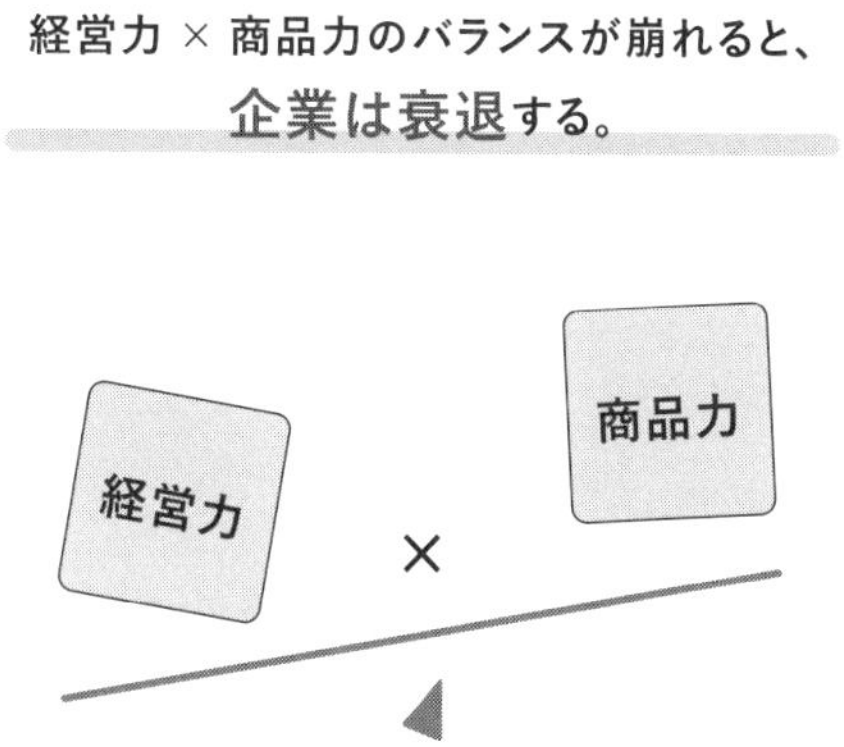
経営力 × 商品力のバランスが崩れると、
企業は衰退する。
経営力
×
商品力

事例として圧倒的に多いのは、経営力が低下したために、企業が衰退するパターンです。どんなに良い商品や技術を持っていたとしても、経営力が脆弱《ぜいじゃく》なために企業が衰退するケースは本当に多いです。経営全般、つまり広範囲にわたって高い専門性が身に付いているゼネラリストタイプの経営者よりも、商品技術、あるいは販売営業等、特定の専門分野が得意なスペシャリストタイプの経営者の方が圧倒的に多いというのも一因としてあると思いますが、とにかく、経営力なくして企業の成長はあり得ません。

まず経営バランスの整え方を身に付ける

経営力を高めるには、経営者が経営の勉強をしなければなりません。

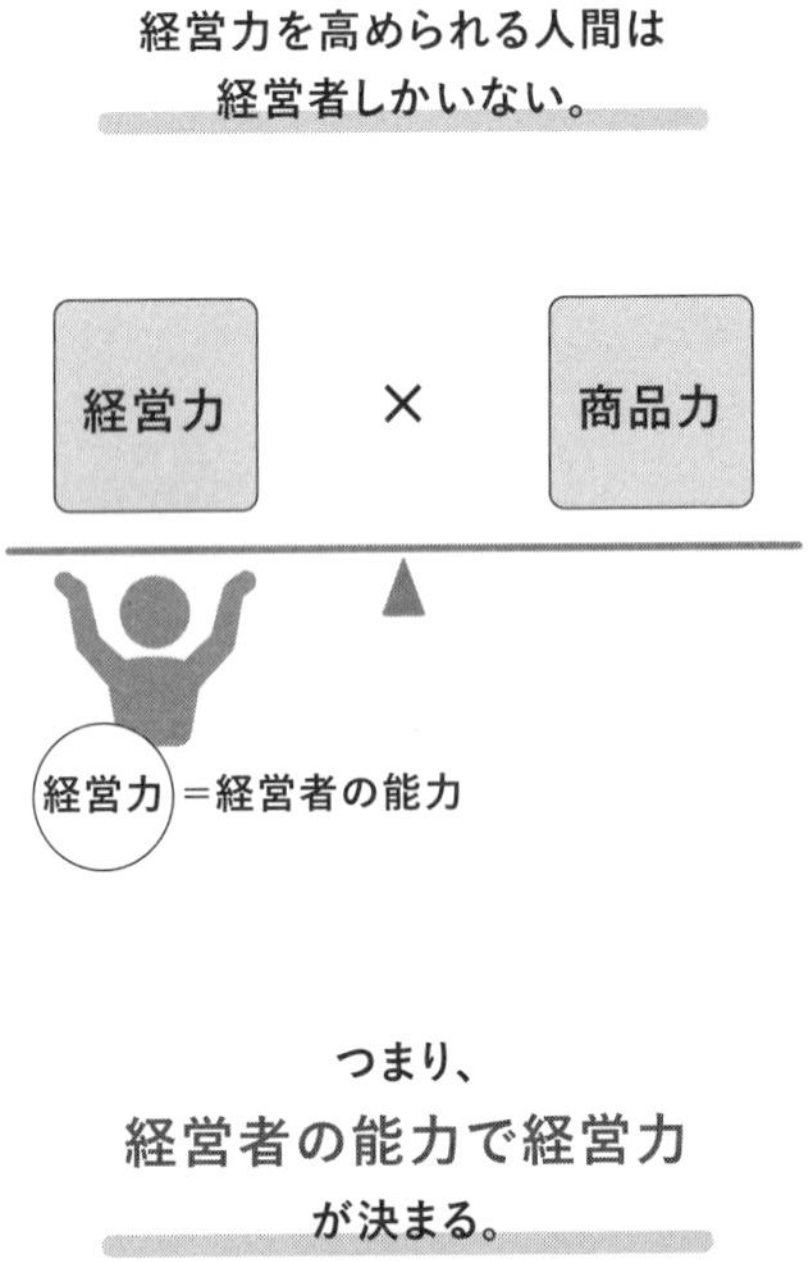
経営力を高められる人間は
経営者しかいない。
経営力
×
商品力
経営力＝経営者の能力
つまり、
経営者の能力で経営力
が決まる。

一流の経営者ほど勉強熱心です。

特に、中小企業においては、経営力を高められる人間は経営者をおいてほかにはいません。

社員任せにして責任を放棄することは許されません。経営力を高めるには、経営者が自らの責任で勉強を続けることが大切であり、そうした姿勢なくして会社の経営力は高まるものではありません。

また、商品力を牽引するのも経営者の役割になります。

商品力を高めるためのマーケティングや戦略展開は経営力の範疇に入り、経営力の総合的な力が商品力を引き上げるからです。

つまり、経営力も商品力も、経営者の能力次第で決まってしまうのです。

よく、会社は経営者の能力以上に大きくならないと言いますが、まったくその通りで、会社の成長は、経営者の自己研鑽の程度で決まってしまいます。

しかし、中小企業の経営者に時間的な余裕はありません。

商品力を牽引するのも経営者の役割。

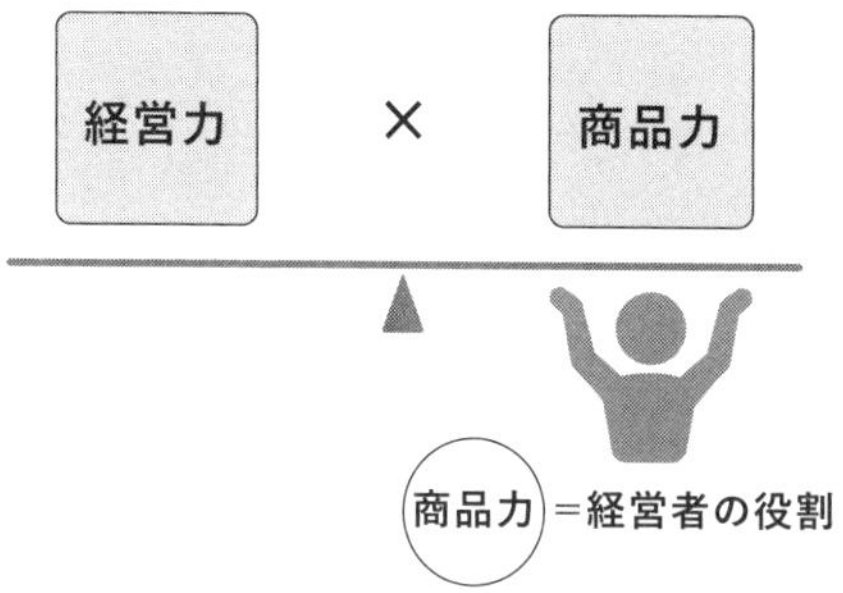

つまり、商品力も経営者の能力で決まる。

経営に専念したくても日々の仕事や営業で手一杯、経営の勉強をする暇がない、決断の連続で落ち着いて勉強できない、どこから勉強していいのか分からない、どの専門家を頼ったらよいのか分からない等、厳しい現実があります。

それでも、経営者が勉強しなければ会社は成長しません。

繰り返しますが、経営力と商品力のバランスが崩れると確実に会社は衰退します。

衰退企業は、経営者一人の能力不足で経営が行き詰まったという例が沢山あります。例えば、作っている商品は良い、働いている社員は真面目。だけどうまくいかない。会社の衰退原因を辿ってみると経営者一人の能力不足に行き当たる、という事例は珍しくありません。

会社を創業するには相当なエネルギーが必要です。

さらに、会社経営を軌道に乗せるには、もっと大きなエネルギーを要します。せっかく会社が軌道に乗ったとしても、経営者一人の能力不足で、いとも簡単に会社が衰退してしまう。

経営者が経営の勉強をすることの重要性はここにあります。

それでは一体、どこから経営の勉強を始めればよいのかと言うと、

第一に、経営バランスを整える方法をマスターすることです。

━黒字経営だからと安心してはいけない━

経営バランスを整える方法をマスターするには、経営バランスが崩れた状態を正しく認識する必要があります。経営バランスが崩れた状態は、次のように二つに分類することができます。


「赤字経営、借金過多、社員離職、顧客離脱等」

「黒字経営であっても経営数値が異常な状態」


前者の経営バランスの崩れ方は一目瞭然、専門家でなくても気が付くレベルの崩れ方です。

赤字経営とは、売上よりもコストの方が多いマイナス収支の状態で、経営バランスが大きく崩れています。

借金過多とは、利益よりも返済の方が大きい状態で、経営バランスが大きく崩れています。

社員の離職や顧客の離脱も、経営バランスが崩れたことで起きる現象です。

いずれの症状も会社衰退に直結する深刻なリスクに該当しますが、重要なのは、

後者の「黒字経営であっても経営数値が異常な状態」の方です。

この部分のケアが不十分だと、経営課題が山積して、顧客創造が減速。結果、経営バランスが崩れ、会社が衰退します。

企業の持続的成長を確立するには、黒字経営であっても一切油断することなく、常に高みを目指し、適正な経営数値を維持する努力が欠かせないのです。

この理は、プロスポーツの世界でも同じです。

例えば、元メジャーリーガーのイチロー選手は一〇年連続で二〇〇本超の安打を達成しました。一回でも偉大な記録ですが、一〇年連続で達成することができたのは、毎年最高のパフォーマンスが発揮できるように、ベストな状態を維持する努力を継続したからにほかなりません。

また、失敗したバッティングから学びを得て次に繋げたことは有名です。

会社経営も同じで、常に最高の経営状態を維持する努力が成長の下地を作るのです。

―会社の異常は経営数値に表れる―

指導1年前の現状とあるべき姿のギャップ

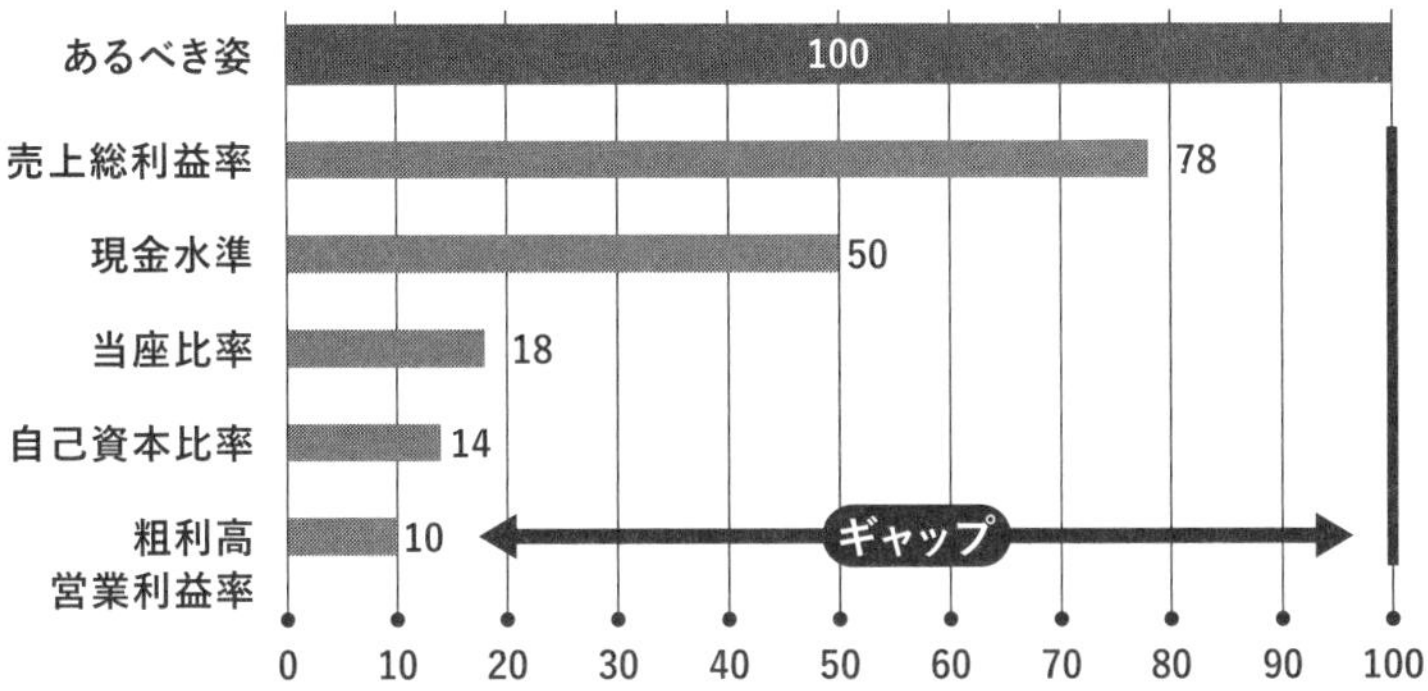

黒字経営でも経営数値が異常な状態の具体例を、上のグラフで説明します。

このグラフは、わたしが実際に経営サポートに入った会社の、サポート開始一年前の主な経営数値の実績です。

グラフ最上段が適正水準を示す基準ラインです。経営指標は上から売上総利益率、現金水準、当座比率、自己資本比率、粗利高営業利益率の順に並んでいます。この会社は黒字経営ではありましたが、すべての経営数値が適正水準から乖離《かいり》しており、特に、粗利高営業利益率が適正水準に比べて著しく低いのが特徴的でした。

この粗利高営業利益率への意識が高いか低いかで、経営バランスは決まります。

粗利高営業利益率が低いと何が問題かと言うと、まず、現金水準がなかなか上がってきません。従って、当座比率も自己資本比率も適正水準を維持するのが困難になります。成長投資も減速し、事業拡大のペースも鈍化します。
また、利益が少ないと、経済環境の悪化など、周囲の些細な変化に付いていけず、あっさり赤字経営に転落する恐れもあります。場合によっては、それがきっかけで資金繰りが悪化し、倒産の危機に陥ることもあります。

このように、黒字経営であっても経営数値が適正水準にないと、会社の衰退リスクが高まる一方になるのです（経営バランスを整えるために目指すべき適正な経営数値は、二二二ページからの「中小企業に適した経営指標一覧」をご覧ください）。

経営バランスが崩れる12のパターン

経営バランスが崩れる原因は、様々なことが考えられますが、わたしの過去の経験から重要と思える失敗のパターンを紹介します。

一つでも該当するパターンがあれば、そこが弱点となって経営バランスが崩れる可能性が高いと言えます。

さらに、根本原因を解決することなく放置していると、加速度的に経営バランスが崩れていき、経営破綻のリスクは高まる一方です。

失敗パターン1 「自己流の会社経営」

自己流の会社経営とは、正しい判断基準や客観的視点を無視した自己中心的な経営スタイルのことです。

行き当たりばったりの経営に陥りやすく、経営者の視野も狭くなりがちなため、失敗の轍《てつ》を踏みやすく、一度経営バランスを崩すと自力で修正できなくなります。

経営の基本が身に付いていない偏ったバランス感覚で、自己流の会社経営に走る経営者はこの典型例です。

業績が伸び悩んでいる、会社経営に不安がある、経営能力に不足を感じる等、自覚症状がある場合は、自己流の会社経営に陥っている可能性が高いです。

自己流の会社経営から抜け出すには、確固たる根拠や判断基準を持つことが大切です。

一番良いのは、会社の数字の理解を深めることです。

失敗パターン2 「ワンマン経営」

ワンマン経営とは、会社経営の重要な判断を経営者が独りで次々と裁決していく経営スタイルのことです。

ワンマン経営は中小企業の成功の秘訣ですが、社長が数字に強い、社員想い、参謀や右腕がいる等、条件を満たしていないと、様々な弊害を生み出し、経営バランスを崩す原因になります。

パワハラ、セクハラ、モラハラ、経営陣と社員の対立、社員の奴隷化、社員の使い捨て等は、経営バランスを崩す、ワンマン経営の典型的な弊害です。

なかでも、極めて大切になるのが参謀や右腕になる人財を得ることです。

よく経営には、年商一億の壁、五億の壁、一〇億の壁がある等と言われますが、特殊な能力の持ち主でない限り、それらの壁を突破できる会社には必ず参謀や右腕になる人財がいるものです。

ワンマン経営で会社を傾かせないためには、

参謀や右腕になる人財を得ることです。

失敗パターン3 「ギャップの見落とし」

経営者が、あるギャップを見落とすと、経営バランスが崩れます。

それは、「目標と実績のギャップ」「商品価値と顧客評価のギャップ」「経営者と社員の意識や価値観のギャップ」です。

例えば、目標と実績のギャップが大きくなるほど、業績回復の道筋が険しくなります。

商品価値と顧客評価のギャップが大きくなるほど、顧客奪回の道筋が険しくなります。

経営者と社員の意識や価値観のギャップが大きくなるほど、組織力回復の道筋が険しくなります。

三つの経営領域のギャップを絶えず発掘し、解消し続けることが、経営バランスを

キープする秘訣です。

失敗パターン4 「組織力低下」

経営者の意志が弱い、命令系統が崩壊している、経営者と社員の意思疎通がうまくいっていない、社員同士の協力体制が脆弱、問題社員が放置されている等、会社の組織力が低下すると、高い確率で業績が悪化し、経営バランスが崩れます。

また、組織力が脆弱だと、有能な社員が育たない、社員のモチベーションが低下する等の弊害も生み出します。

これら組織力の低下は、人財の力量やスタッフの優秀さ以前に、コミュニケーション不足、何でも話し合うことのできない重い空気から生まれるものと思ってください。

組織力低下は、経営幹部の団結不足とコミュニケーション不足から生まれるものです。

失敗パターン5 「後継者不在」

経営能力が十分に備わっていない後継者に会社経営をバトンタッチすると、比較的短期間で業績が悪化し、経営バランスが崩れます。

後継者不在に関しては、過去の歴史を振り返っても分かる通り、大企業であろうと中小企業であろうと、衰退の結果は同じです。

後継者が注意すべき点は、社長の座に就く前に勉強できることはすべて勉強することです。

例えば、先代の経営理論、会社の数字、商品特性、事業の強み、社員の性格や情報等の知識です。また、先代への感謝や尊敬の念を強く持つことも大切です。

後継者に経営をバトンタッチする際、経営者が注意すべき点は、後継者の経営能力を見極めることです。特に同族経営の場合は、後継者の経営能力如何で衰退する会社が数多《あまた》ありますので注意してください。

一流の人財は、後継者を育てられる人です。後継者の失敗は、あなたの失敗です。

失敗パターン6「どんぶり経営」

どんぶり経営とは、会社の数字を軽視した経営スタイルのことです。

数字に弱い、売上至上主義、利益意識やコスト意識が低い、数値目標がない、管理会計未導入等の特徴は、どんぶり経営の典型例です。

会社の数字は事業活動の結果であり、どんぶり経営は、結果責任を放棄しているのと変わりません。

また、数字（結果）を見ずして、正しい会社経営はできません。

一度歯車が狂うと、加速度的に経営バランスが崩れていきます。また、どんぶり経営は、会社のお金を社員に横領されるリスクも高いのです。


どんぶり経営から脱却するための有効策は、数字に強い参謀を付けることです。

数字に弱い社長であっても、数字の重要性を理解している社長は、みんな参謀を付けて数字の理解に努め、経営課題を的確に捉えています。

失敗パターン7 「安易な多角化」

安易な多角化とは、本業以外の分野で事業を展開すること、あるいは、本業の成長に関係ない分野へ投資することです。

本業に関わりのない安易な多角化は、失敗リスクが極めて高くなります。

つまり、経営バランスを崩す可能性が飛躍的に高まるということです。また、安易な多角化に失敗すると、その経験が、本業にまったく活かされないというデメリットもあります。

本業の土台が確かなものになる前の多角化は、投資金額や経費が嵩《かさ》み、失敗した場合に本業までもおかしくしてしまいます。これに対しては経営感覚を磨くしかないのですが、失敗しても軽く済む程度のテストマーケティングを常に心がけ、おいしい話には慎重に向き合う感情コントロールも必要になります。

多角化（新規事業）は、仮に失敗しても会社を傾けさせてはいけないということです。

失敗パターン8 「キャッシュフロー軽視」

キャッシュフローとは、経営用語で事業の現金収支のことですが、キャッシュフロー軽視の経営ほど危険なものはありません。

なぜなら、現金がなくなると会社が倒産するからです。

黒字倒産は、キャッシュフロー軽視の典型例です。また、キャッシュフローを軽視していると、成長投資や資金繰りの失敗リスクが飛躍的に高まります。

キャッシュフローは小難しく考える必要はなく、手元に残る現金の簡易計算方法〔(経常利益×五〇%)＋減価償却費〕をマスターして、現金の増減を毎月チェックするだけでも効果的です。

よくありがちなため、気を付けてほしいことは、

利益を出して貯めた現金が、商品在庫や買掛金等の仕入債務に消えないようにすることです。売掛金が多い場合も、多くなった理由と現金化できるのかどうかを、日々意識することが大切です。

失敗パターン9 「法律違反・モラル違反」

法律を守るのは当たり前のことです。

大事なのは、モラルのある会社経営を実践することです。

法律の範囲内なら何をやってもOKという姿勢で、世間や業界、あるいは、社員や取引先に迷惑をかけるようなモラルなき経営を続けていると、必ず、世間やマスコミ、あるいは、社員や取引先に足を引っぱられて経営バランスが崩れます。

経営者は、上品でなければならないというのがわたしの持論ですが、モラルなき下品な経営から成功は生まれません。

特に気を付ける時というものがあります。それは、

年商規模が大きくなり、業界的にも目立ち始めてきた時です。

失敗パターン10 「愛人・浪費・公私混同」

経営者が愛人を作った場合の会社衰退率は一〇〇%に近いです。

節税という名の行き過ぎた浪費も、衰退リスクを格段に引き上げます。

会社のお金の公私混同が行き過ぎると、社員の反発を招き、業績悪化や離職加速といった経営バランスの崩壊を招きます。

孤独感やストレスもあり、そうしたくなる気持ちもよく分かりますが、羽振りが良くなった頃の態度や行動次第で会社をダメにしてしまうケースがよくあります。

どん底時代や失敗時以上に、調子が良く、うまくいき始めた頃にダメになるのが人の常です。

油断と慢心という二つの言葉を絶対に忘れないことです。

失敗パターン11 「好業績に浮かれる」

会社の業績が好調な時ほど、目の前の経営課題が見えなくなり、経営バランスを崩すような経営課題が蓄積されます。

ひとたび会社の業績が悪化傾向に転じると、それまで見逃していた経営課題が一気に噴出し、経営を立て直すのが難しくなり、場合によっては、衰退あるのみ、といった状況に陥ることも珍しくありません。

好業績の時ほど、経営者の驕《おご》りや油断、あるいは、選民意識が組織に根付いてしまい、重大な経営課題を見逃しやすくなります。

失敗パターン12「適正な経営数値を知らない」

安定経営の基準となり得る経営指標は沢山あり、それぞれに適正な水準があります。売上成長率、粗利高営業利益率、現金水準、当座比率、借入限度金額等の指標で、それぞれに基準があると、そこに向かって経営が修正されるため、経営バランスを大きく崩すことが少なくなります。

逆に、基準がないと修正が働かなくなり、経営バランスを整えるのが困難になります（適正な経営数値は二二二ページからの「中小企業に適した経営指標一覧」をご覧ください）。

以上が、わたしの過去の経験と事例研究から分かった、経営バランスを崩す失敗パターンです。

社長も人間です。

小さな失敗は当たり前のことであり、失敗しながら前進していくのが無理のない姿です。当然ながら、すべての失敗が悪いというわけではありませんが、失敗の中には、企業の寿命を縮める危険な失敗があるのも事実です。

経営バランスを崩す失敗パターンに一つでも該当していると、会社経営に失敗します。

つまり、成功の必然性を高めるには、この失敗の原因と会社の現状を謙虚に照らし合わせ、しっかり対策を講じる必要があります。

―経営バランスを崩す要因を洗い出す―

経営バランスを整えるには、目標を設定して現状を改善するしかありません。

経営課題（ギャップ）を明らかにする目標が重要!!

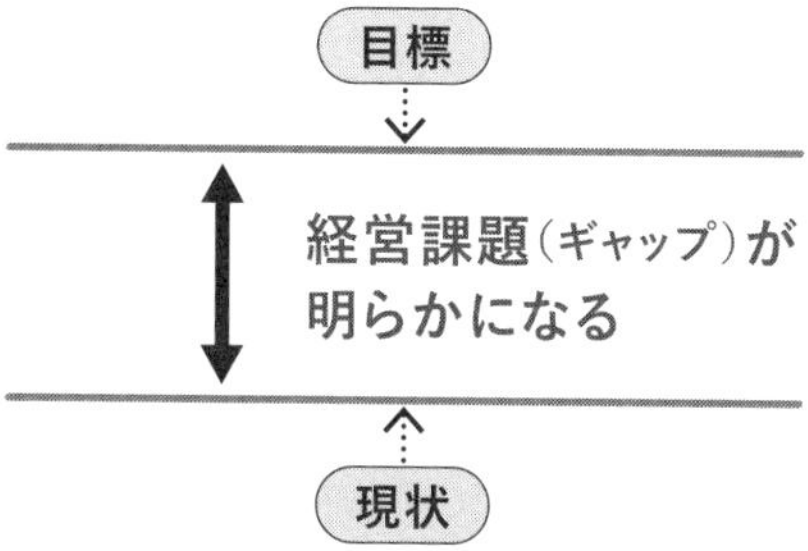

なぜ目標が重要かと言うと、物事の成果は目標に対して動くことで初めて生まれるからです。

然るべき目標を設定すると、現状と目標の間にある経営課題（ギャップ）が明らかになります。例えば、売上拡大という目標を設定すれば、顧客創造、付加価値の研鑽、数字の拡大のいずれかの部分に抱えている課題が明らかになり、売上拡大のために取り組むべきことが明確になります。経営バランスを整えるためには、経営課題を明らかにする目標が重要なのです。

そして、ほとんどの経営課題は企業の内部にあります。

企業の内部に経営課題があるということは、言い換えると、やるべきことをやっていないということですが、ここで経営課題を見落としてしまうと、企業は衰退します。

世の中に、経営課題がまったくないという会社は皆無で、どんな会社であっても経営課題を抱えています。ここで、ご自身の会社の状況を頭に思い浮かべながら次の問いかけについて考えてみてください。


「経営課題を明らかにする目標を設定していますか?」

「経営課題を解消する活動をしていますか?」

「活動を推進する正しい計画を持っていますか?」


いかがでしょうか。

みなさん思うところがそれぞれあるかと思いますが、実は、**目標達成のための活動を推進するうえで、計画の有無が経営の成果に大きな影響を及ぼします。**

―経営計画は三つのポイントで作る―

計画なくして企業の成長はありません。

ここで、実際にわたしが経営サポートに入った会社の例を紹介します。

三五ページでも取り上げましたが、次ページ上のグラフは経営サポート開始一年前の経営数値です。グラフ最上段が適正水準を示す基準ラインです。すべての経営数値が適正な基準ラインを大きく下回っています。

次ページ下のグラフは経営サポート開始一年後の経営数値です。計画に基づいて経営改善を推進した結果、ほとんどの経営数値が適正な基準ラインを上回っています。

特に粗利高営業利益率の改善が顕著で、そのおかげで、現金水準と当座比率が著しく改善しているのが分かると思います。

このように、計画の有無で経営の成果は大きく変わります。

さて、ここからは、シンプルに計画の作り方について書き進めていきます。

経営計画作りの基本は、本章の冒頭で紹介した「企業の永続性を確立するための三つの条件」に照らし合わせて作ることです。

指導1年前の現状とあるべき姿のギャップ（再掲）

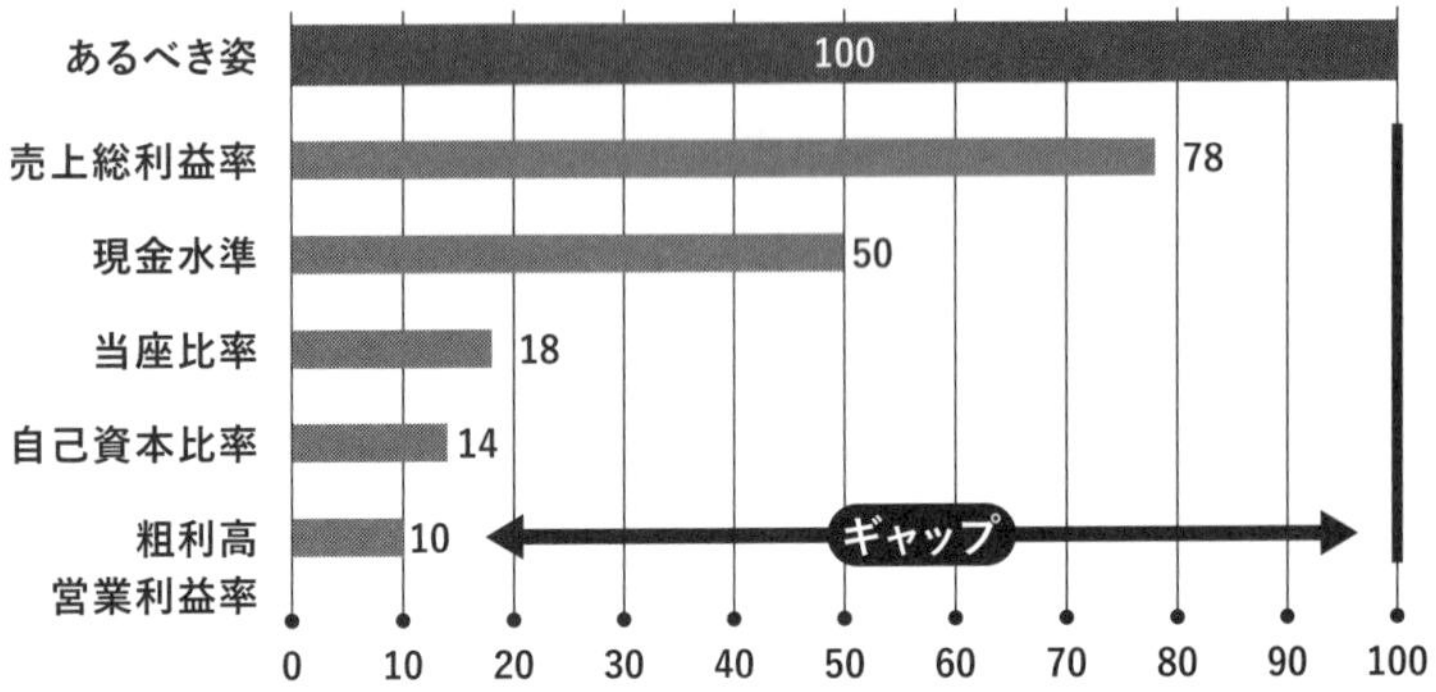

指導1年後の現状とあるべき姿のギャップ

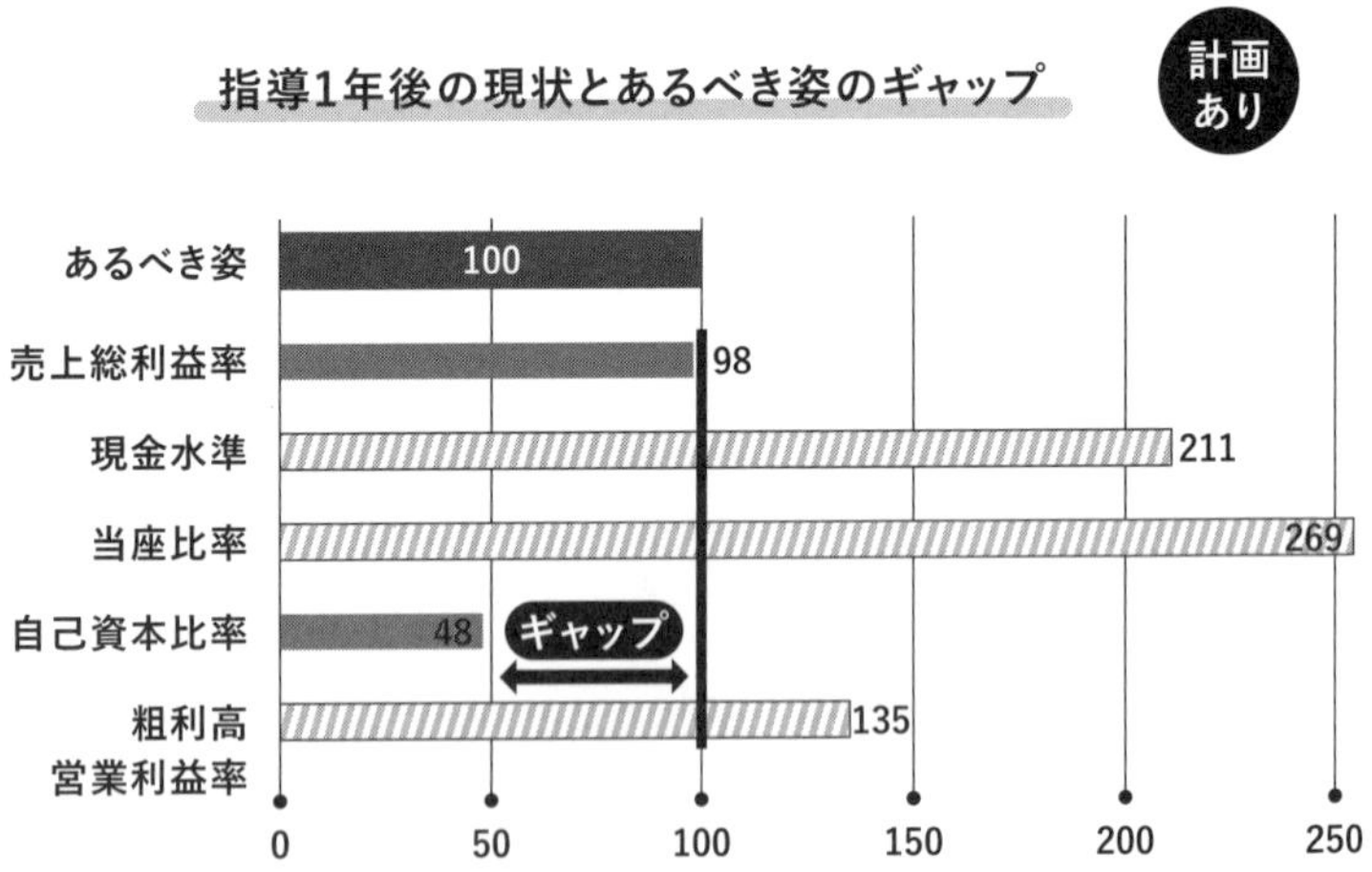

「顧客創造」
「付加価値の研鑽」
「数字の拡大（売上・利益・現金の拡大）」

この三つの条件を無視して経営改善を進めると失敗します。ですから、経営計画作りは経営者の絶対条件です。

経営者が計画を作り、会社の先頭に立って計画を推進する姿勢が、会社の成長発展を牽引します。経営者が勉強しなければならない理由は、ここにもあるのです。

そのうえで、成果を上げる経営計画は、次の三つのポイントを押さえて作ってください。

「ゴールを決める」
「経営課題を捉える」
「数値目標を掲げる」

一つひとつ詳しく見ていくことにします。

ポイント1 「ゴールを決める」

成果を上げる計画を作るうえで、ゴールを決めることは最も大切です。

例えば、「よーいドン」とスタートを切った後で、自分が一〇〇メートル走に出ているのかフルマラソンを走っているのか分からなければ、良いタイムを出すことは不可能です。一〇〇メートル走とフルマラソンではゴールまでのペース配分も違えば、レースに臨むトレーニング方法も違います。ゴールが決まっているからこそ、ベストな状態で結果を出すことができるのです。

会社経営も同じです。
ゴールが決まっていない計画では、まともな成果は絶対に出ません。

計画のゴールを決めるうえで、便利な問いかけがあります。

「顧客は誰でどこにいるのか？（顧客創造）」
「いまの事業は将来どうあるべきか？（付加価値の研鑽）」
「目指すべき売上・利益・現金の金額は？（数字の拡大）」

経営の大失敗の九割以上は、顧客創造の問いかけのミスに始まります。

ゴールであるターゲット顧客を間違えれば、付加価値の研鑽の問いかけも、数字の拡大の問いかけもすべて変わります。しかも、顧客の見誤りや見落としは、即刻、会社の衰退に繋がります。

ここで、顧客創造で失敗した会社の事例、よくあるパターンを紹介します。

失敗に偶然はありません。ですから、次の失敗パターンを頭に叩き込んでおいてください。

失敗パターン1「顧客目線の欠落」

顧客目線なくして、自社のターゲット顧客を明確に捉えることはできません。

つまり、顧客が求めるものと、自社が提供したいものは、まったくの別物ということです。独りよがりな商売は決して成功しません。

顧客目線を持って、顧客の要望を叶える商品は何なのかを徹底的に深堀りすることが、ターゲット顧客を見誤らない秘訣です。

人気の陶芸作家と対談した際に、その作家さんは、自分が作りたい作品と、顧客の求めに応じて作る作品は、まったく違うと言っていました。顧客に寄り添うほど、自分の作りたいものが作れないこともあるが、それでも作品を購入してくださるお客様が沢山増えることは有難いことだと、しみじみ語っていました。

顧客目線の欠落した独りよがりな経営姿勢で、顧客創造に失敗するパターンは非常に多いです。

失敗パターン2「女性目線の欠落」

顧客創造において、女性目線の欠落ほど怖いものはありません。

男性向け商品やサービスであっても、お金の出どころは女性が握っていることが多いのです。また、女性の反応如何で何気ない商品がヒットすることはよくあることです。常に女性目線を意識して顧客創造に取り組むことが成功の秘訣です。女性目線の欠落した状態で顧客創造に取り組むと大きな失敗をします。

また、女性向け商品やサービスを、男性向けに展開することでビジネスが拡大することはよくあることですが、女性目線が欠落していると、この手の新たな顧客創造のチャンスをみすみす逃すことになります（女性は男性のここを見ています・ここに注目しています、といったキャッチコピーで男性市場を拡大する手法は女性目線ならではの顧客創造の成功例です）。

失敗パターン3 「消費者を見誤る」

地方の中小企業によくある失敗パターンですが、商品の消費地が大都市圏であるにもかかわらず、地元目線（感覚）でビジネスを展開している会社があります。

大都市圏と地方では、顧客の嗜好、許容価格帯、求める品質等、すべてが違います。これでは、消費者を見誤り、ターゲット顧客を見失ってしまいます（逆もまた然りで、大都市圏の会社でメインの消費地が地方、というケースも同じです）。

メインの消費地に足を運んで現実を見ると、自分が相手にしている顧客の本当の姿が見えてきます。顧客の本当の姿を見ずして、ターゲット顧客を明確に捉えることはできず、衰退しか道がないという末路も珍しくありません。

失敗パターン4 「流通ルートを見誤る」

会社のビジネスモデル、あるいは、経営資源の特性上、流通ルートを法人取引（B to B）に特化するよりも、エンドユーザー（B to C）に寄り添った方が良いケースが多々あります（逆もまた然り）。

目の前の現状から目線を外して、時間軸を三年先に見据えると、どちらが自社に適したターゲット顧客（流通ルート）なのかが見えてきます。

昔からの顧客だからという安易な考えで、顧客創造の手を抜くと、ビジネスモデルの破綻、あるいは、経営資源の陳腐化と共に、顧客離れが一気に加速し、会社が衰退します。

失敗パターン5「平均値に固執する」

平均値を顧客創造のターゲットにすると失敗します。

例えば、販売エリアの平均年齢層が五〇代、そのエリアの最頻値（最も頻繁に出現する値）が三〇代だった場合、ターゲット顧客とすべき年齢層は五〇代ではなく三〇代です。平均値は上下層の分布によって値が上下するので、最も多い顧客層を見落としてしまいます。

ターゲット顧客を特定する場合に限らず、業績目標においても、平均値は使い物にならないと思ってください。

失敗パターン6「安値を追求する」

顧客は価格に敏感です。しかし、安値という価値だけで顧客創造を続けると、中小企業はかなりの確率で経営が破綻します。

次ページの図をご覧ください。

安値を追求すると商品やサービスの付加価値が減少し、収益性も悪化の一途を辿ります。

失敗パターン7
「強みを見誤る」

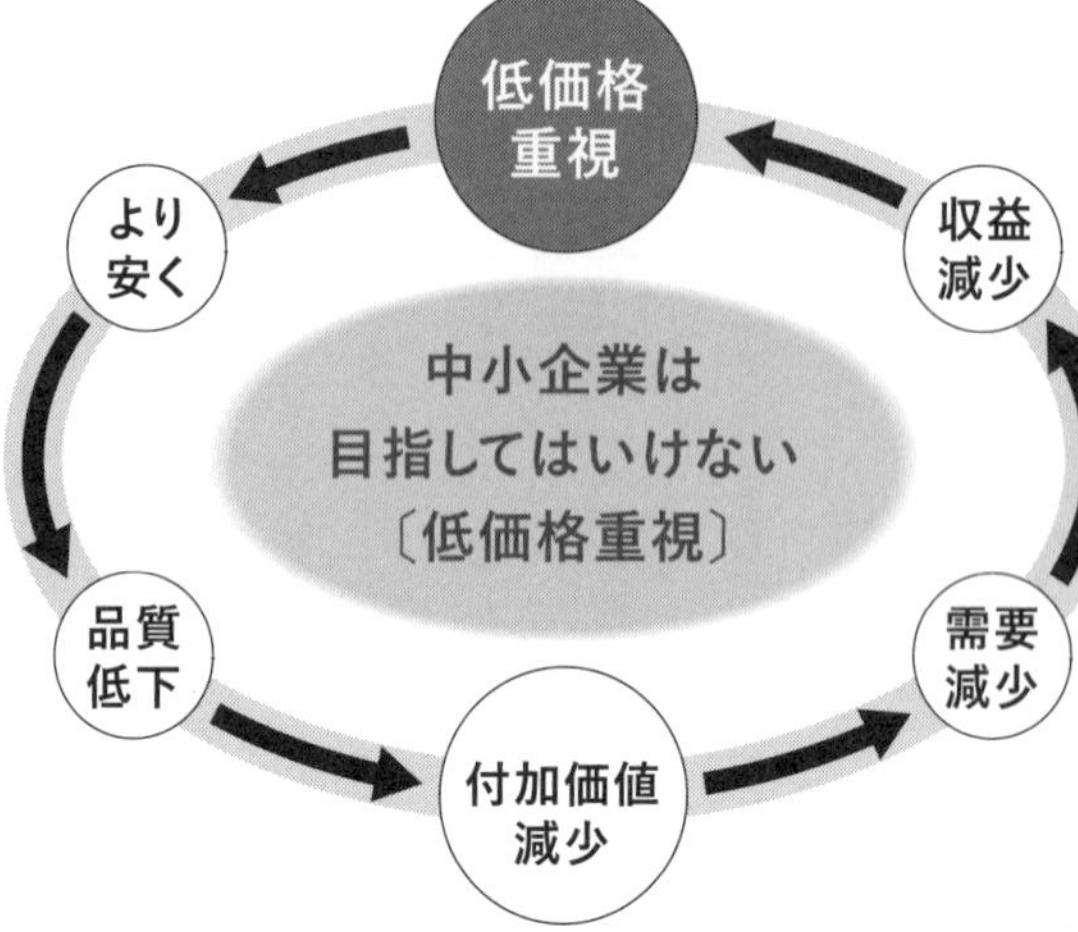

薄利多売の水準まで価格が下がると、少しの需要減少で経営が不安定になります。そもそも、薄利多売の市場は、大手の独壇場なので長期的に競争を勝ち抜くのは無理です。

事務所や店舗を所有している、あるいは、減価償却を終えた建物で営業している等の特殊な要因があったとしても、一時の延命にしかならず、十分な成長投資ができなければ、いずれ限界がやってきます。

価格しか付加価値がない安値を追求した顧客創造は、中小企業が最も手を出してはならない戦略です。一度安値に傾くと後戻りできなくなるので、くれぐれも注意してください。

会社は強み（差別化ポイント）でしか勝負できません。

従って、会社に強みがなければ顧客創造は不可能です。会社の強みは、ターゲット顧客を明らかにするだけでなく、計画作りの方向性をも決定付けます。

会社の強みは何なのか、どの領域で追い風が吹くのか等、会社を取り巻く環境を冷静に分析して、徹底的に強みを洗い出すことが大切です。

また、捉え方一つで弱みが強みに変わる、あるいは、逆風が追い風に変わることはよくあることです。固定概念にとらわれない、柔軟かつ客観性に富んだ目で分析することも重要です。謙虚な姿勢で顧客の声や現場の声に耳を傾けることも、会社の強みと弱みを正しく捉えるための秘訣です。

万が一、強みを見誤ると、取り返しのつかない経営状況に陥り、会社は間違いなく衰退します。

失敗パターン8 「情報を発信しない」

情報発信は顧客創造の重要な鍵です。自分が何者なのかを顧客に伝えなければ、顧客は絶対にこちらを振り向いてはくれません。

例えば、ランチ時にたいそう良い香りのする料理店の前を通りかかったとしても、そのお店の料理ジャンルや価格情報が表からまったく分からなければ、入店するのに躊躇します。どんなに魅力のある商品、どんなに優れた技術を持っていたとしても、まだ見ぬ顧客に対して情報を発信しなければ、その価値はゼロです。

顧客創造の本来の目的は、潜在顧客の発掘です。費用ゼロでもできる情報発信手段は沢山あります。効率良く潜在顧客を発掘する広告手段も沢山あります。

売上が低迷している会社、つまり、顧客創造ができていない会社ほど、情報発信が不十分です。情報発信は先手必勝なので、待ちの姿勢は禁物です。

以上が、顧客創造におけるよくある失敗パターンです。

失敗パターンにはまると、必ず顧客創造に失敗します。

成果を出す計画を作るには、この失敗パターンを理解したうえで、冷静かつ客観的な視点で、「顧客は誰で、どこにいるのか？」という問いかけに答えることです。

そうすると、会社のビジネスモデルの作成や経営資源の最大化を後押しするターゲット顧客が、自然と浮かび上がります。

ターゲット顧客が定まると、的確なマーケティング（商品が沢山売れる環境整備）計画が作れるだけでなく、その顧客が求める付加価値をいかにして高めるか、その顧客を獲得することでどれだけの売上や利益が獲得できるのかが明らかになります。

失敗パターンを念頭に置いて、もう一度、次の問いかけを真剣に考えてみてください。

「顧客は誰でどこにいるのか？（顧客創造）」
「いまの事業は将来どうあるべきか？（付加価値の研鑽）」
「目指すべき売上・利益・現金の金額は？（数字の拡大）」

いかがでしょうか。

いままでぼやけていたゴールが、鮮明になったのではないかと思います。

ポイント2　「経営課題を捉える」

ゴールが定まったら、経営課題の発掘に取りかかります。

経営課題とは、ゴールに向かううえで、障害になり得る課題やリスクのことです。経営課題で一番厄介なことは、会社を取り巻く環境の変化と共に課題も変化することです。場合によっては、定めたゴールの修正を余儀なくされることもあります。

変化に鈍感な会社は、経常的に経営課題を見落とし、会社衰退のリスクが高まる一方になります。

つまり、日頃から小さな変化を捉えることが、経営課題の本質を捉える秘訣です。

繰り返しますが、会社経営の失敗原因は「経営課題の見落とし・見誤り・見過ごし」に行き着くため、経営課題の扱いほど重要なものはありません。

変化を見逃し、経営課題を見落とした結果、会社経営に失敗するというパターンを紹介しますので、頭に叩き込んでおいてください。

失敗パターン1 「顧客の変化」

顧客の趣味嗜好は時の経過と共に変化します。顧客の年齢層も変化します。老舗の繁盛店であっても、顧客の変化に合わせて味を変えているという話をよく聞きます。また、メイン顧客の経営環境や業績の変化は絶対に見逃してはなりません。メイン顧客の衰退と共に業績が悪化する会社や連鎖倒産する会社は、顧客の変化を見逃した典型例です。顧客の変化に無頓着な会社は、大事な経営課題を見落としてしまい、間違いなく衰退します。

失敗パターン2 「市場の変化」

市場の主役（リアル店舗・ネット店舗）、流行り廃《すた》り、メインターゲット（既存顧客・潜在顧客）は絶えず変化しています。

市場の変化についていけずに衰退する会社は数多くあります。三年先の市場がどのように変化しているのかを予測して経営課題を発掘し、課題解消の準備と実践を繰り返すことでしか、市場の変化についていくことはできません。

失敗パターン3 「競合の変化」

競争の優位性を保つための付加価値は、競合ライバル会社に追い付かれた途端に陳腐化します。そうなれば売上も収益性も低下し、衰退の一途を辿ることになります。ライバル会社の商品やサービスを使い倒せば、自ずと自分の会社の課題が見えてきます。つまり、ライバルを知らずして、付加価値を高めるための経営課題が見えてくることはありません。失敗と成功は、ライバルが握っていると言っても過言ではありません。

失敗パターン4 「経済の変化」

経済の変化を如実に表すのは、景気の良し悪しです。

近い将来、景気悪化が予測されていながら、十分な利益水準や現金水準を確保せず、景気の悪化と共に衰退の一途を辿る会社は実に多いです。

不景気の時は、ジタバタせずにどっしり構えて、ムダやムラを徹底して排除する、現状の商品やサービスの付加価値を再検証する、設備の保守保全を徹底する、社員教育を充実させる等、派手な投資は行わずに堅実経営を心がけた方が、失敗リスクを抑えられます。

逆に、好景気の時は、不景気の時に工夫と努力で研鑽した付加価値を一斉に開花させるチャンスです。追い風の中、困難が多くないので、新商品の投入、新市場の開拓等、業績拡大に貢献する取り組みの効果を最大化しやすくなります。

経済の変化を見落とすと、経営課題の本質を間違えてしまい、会社が衰退します。

失敗パターン5 「環境の変化」

顧客や市場は、環境破壊や大気汚染などの環境変化に敏感に反応します。その証拠に、環境変化に適応したビジネスは、顧客の支持を受け、どんどん大きくなっています。環境の変化を無視した会社経営に成功はありません。

特に、環境破壊や大気汚染を助長するビジネスは、もはや生きていけないでしょう。環境の変化に適応するために、いかに経営課題を解消していくかが生き残りの条件です。

失敗パターン6 「政治の変化」

規制緩和、法律改正、税制改正、諸外国との経済協力関係等、その時代の政治の動き一つで、会社を取り巻く経営環境が一変することはよくあることです。

先手必勝で主導権を握るには、日頃から政治の変化に目を光らせ、その変化が自社にどのような影響を及ぼすのかを真剣に考え、経営課題を察知する努力を続けることです。

時には、増税等、景気悪化に直結する変化も政治から生まれるので、政治の動きに無頓着な会社は、衰退に繋がる経営課題を見落とします。

失敗パターン7 「数字の変化」

「神は細部に宿る」と言います。会社の業績も同じで、些細な変化は、すべて会社の数字に表れます。

日頃から業績の変化に目を光らせていれば、衰退の予兆を一年前に察知することができます。衰退の元凶となる赤字取引や赤字商品もすべて数字を分析することで排除できます。

また、売上・利益・現金といった重要指標が、適正水準に対してどのように推移しているのかを把握できていれば、数字から経営課題を的確に読み取ることもできます。

市場動向や経済環境の多様化は一層進み、何らかの根拠がなければ解消しない経営課題は増えるばかりです。このような状況下で、数字を無視した会社経営をしていては、失敗するのは時間の問題です。これからの時代、数字の変化に疎い会社は、生き残ることはできないでしょう。

失敗パターン8「社会の変化」

社会の価値観は、各種メディア、社会インフラ、世論、流行など、様々な要因が影響して、絶えず変化します。

いかにもてはやされている商品であっても、社会の価値観の変化に伴い売れなくなることはよくあることです。また、流行等の一過性の現象を真に受けて設備投資を加速させた結果、借金苦で経営破綻の危機に陥る会社も珍しくありません。さらに、社会の変化の影響を受けて、社員の働き方や労働意識が変わることもよくあります。

社会の価値観の変化を誤って捉えると、経営課題を見誤り、会社が加速度的に衰退するので、くれぐれも注意してください。

失敗パターン9 「技術の変化」

社会インフラやテクノロジーの進歩に伴う技術の変化を見落とした結果、重大な経営課題を置き去りにしてしまい、会社が衰退するケースは数多くあります。

この失敗パターンは、大企業であれ中小企業であれ、どんな企業にも当てはまります。

また、技術の変化は、時に優れた商品アイデアや生産性向上のヒントなど、競争の優位性を高めるチャンスを生み出します。技術の変化に疎いと、そうしたチャンスを棒に振ってしまうので、衰退リスクが高まる一方になります。

失敗パターン10 「世界の変化」

これからの中小企業経営者は、世界を視野に入れた思考を行わなければダメです。

農家であっても世界と戦う時代に突入していますし、街の商店や地方の工場では、外国人が働く光景が日常になりました。わたしの知っている中小企業経営者は海外に出かけて、外国人採用者の家庭訪問までしてリクルート活動をしています。首都圏のコンビニで働いている店員は、圧倒的に外国人が多く、わたしの自宅の近所に限って言えば、ほとんどが外国人店員です。

また、世界経済と日本経済は密接に関連しており、世界経済の動向一つで日本の株式や為替が変化します。日本と世界の距離は縮まる一方です。世界の変化を頭に入れた視野なくして成功はありません。

以上が、経営課題を見落とす失敗パターンです。

失敗パターンにはまると、必ず経営課題を見落とします。

経営課題を正確に捉えるには、この失敗パターン（種々の変化）を理解したうえで、冷静かつ客観的な視点で現実を見ることです。

なお、経営課題については、

将来リスクや確実性の大小に関係なく、あらゆる課題を書き出すことが本質に迫る秘訣です。

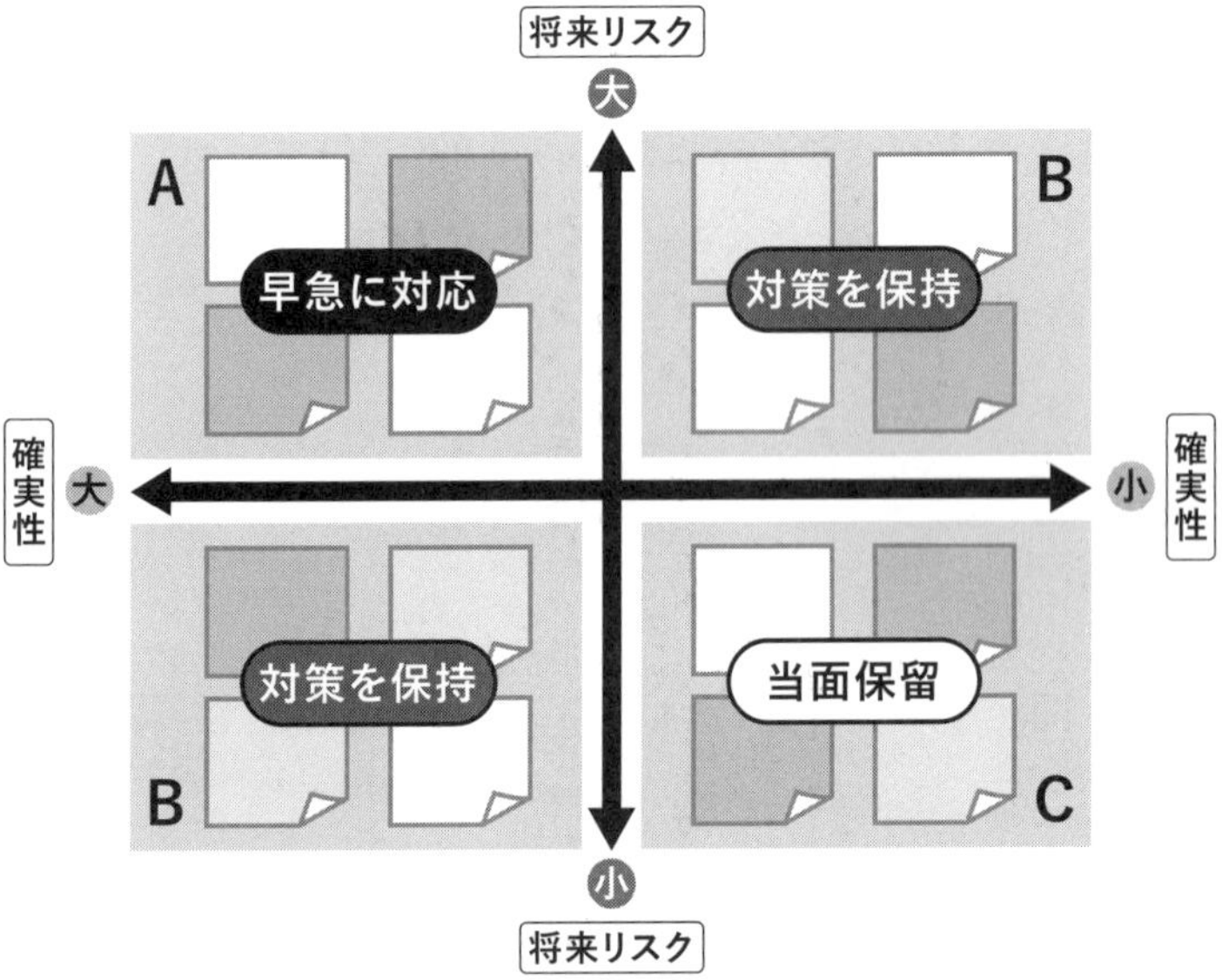

また、将来の変化が自社の事業構造にどのような影響を与えるのかをあらゆる角度から検証し、徹底的に経営課題を洗い出すことも重要です。柔軟性と客観性を高めるために、経営陣と社員グループに分かれて経営課題を書き出す方法や、経営者や経営幹部の家族に参加してもらう方法もお薦めです。

書き出した経営課題は、次の要領で分類・分析して、上図のフレームワークに貼り付けると明確に分類され、その後の計画作りも容易になります。

A　リスクと確実性が大きい経営課題は、早急に対処すべき課題に分類。
B　確実性が大きくリスクは小さい、または、確実性が小さくリスクは大きい経営課題は、対策案を手元に用意すべき課題に分類。
C　確実性と将来リスクが小さい経営課題は、保留すべき課題に分類。

経営を取り巻く環境は、時の経過と共に絶えず変化するので、経営課題の分析は定期的に行います。

周囲が変化しているにもかかわらず、経営課題の分析を放置することは、衰退リスクを高めるだけです。

現状の経営課題を捉えることができたら、優先順位を付けて計画に反映させます。

ポイント3 「数値目標を掲げる」

明確な数値目標を掲げることも大切です。
なぜなら、数値目標がないと、計画の成果が出ないからです。
大企業では新人からベテラン社員に至るまで、あらゆる数値目標が与えられているのが普通ですが、

多くの中小企業では、数値目標が十分に活用されていません。

経営幹部であっても、数字を意識して働いている社員は、それほど多くありません。まして一般社員となれば、皆無と言ってもいいかも知れません。それだけ多くの中小企業で数値目標が活用されていません。

伊藤「この会社儲かってますか？　黒字経営ですか？」
社員「儲かってるんじゃないですか？　たぶん……」

この会話は、わたしが赤字経営に陥っている中小企業の再建調査の際に行った社員面談の一幕です。数値目標がない会社にありがちなケースですが、自分が働く会社が儲かっていると思っている社員が、日頃から必死でロスやムダをなくそうと努力するでしょうか?
利益意識の欠落、赤字取引の放置、ムダとロスの放置、行き当たりばったりの言動、向上心の欠落、生産性の低下、同じミスの頻発等は、数値目標が活用されていない中小企業によく見られる症状です。
計画を作成し推進するのは経営者の仕事ですが、計画を遂行するのは社員の仕事です。その社員に、数字（売上・利益・現金）を意識してもらうためには、数値目標を掲げることが不可欠です。

「数字のある目標」と「数字のない目標」を比べた場合、大きな成果が出るのは、数字のある目標です。

数値目標を掲げると、社員は数字を意識せざる得なくなり、利益意識やコスト意識が高まります。

また、社員自身の行動が数字で検証できるので、手ごたえを感じながら計画を遂行することができます。

特に、次の三つの数値目標は重要です。

「目標達成期日」
「売上・利益・現金の目標金額」
「粗利高営業利益率二〇％キープ」

この三つの数値目標がある計画は失敗リスクが低くなります。

逆に、この三つの数値目標がない計画は、失敗リスクが高く、計画を推進しても、売上が増えない、利益水準が低下する、現金が減少する、といった結果が予測されます。

数値目標を掲げないことで失敗するパターンを紹介しますので、頭に叩き込んでおいてください。

失敗パターン1　「期日がない」

目標の達成期日がない計画は、計画ではありません。

なぜなら、計画は達成期日を設けることで効率的に推進されるからです。

期日がなければ、計画の推進がいい加減になり、十分な成果が出ないと、その要因分析を放棄したり、計画自体を放棄したり、ということがまかり通ってしまいます。計画を作っただけで満足してしまい、結果が出ないという会社はその典型例です。

失敗パターン2　「目標金額がない」

計画に売上目標を掲げる会社は割と多いのですが、大事なのは、利益と現金の目標金額も掲げることです。

利益目標がないと、コスト管理がいい加減になります。現金目標がないと、キャッシュフローがいい加減になります。売上は上がったが利益はマイナスになった、あるいは、計画を推進している最中で資金繰りに行き詰まったという会社は、利益と現金の目標金額を掲げない典型例です。

失敗パターン3 「粗利高営業利益率の目標水準がない」

利益の目標金額と共に、粗利高営業利益率二〇％キープという数値目標を掲げることも大切です。

粗利高営業利益率は、会社の収益性や競争力を表しますので、この指標が低下すると、収益性や競争力、あるいは、会社の付加価値が低下している、ということがすぐに分かります。

会社の業績を上げるための計画が、競争力や付加価値の低下を招いてしまっては元も子もありません（粗利高営業利益率の計算方法は、二二二ページからの「中小企業に適した経営指標一覧」をご覧ください）。

以上が、数値目標を掲げない会社の失敗パターンです。

失敗パターンにはまると、必ず計画遂行が失敗します。
計画を正しく遂行するには、数値目標を掲げることです。

【復習】正しい経営計画作りの基本

最後に正しい経営計画作りの基本をおさらいします。
まず、計画作りは次の三つの条件に照らし合わせて行います。

「顧客創造」
「付加価値の研鑽」
「数字の拡大（売上・利益・現金の拡大）**」**

そして、次の三つのポイントを押さえます。

「ゴールを決める」
「経営課題を捉える」
「数値目標を掲げる」

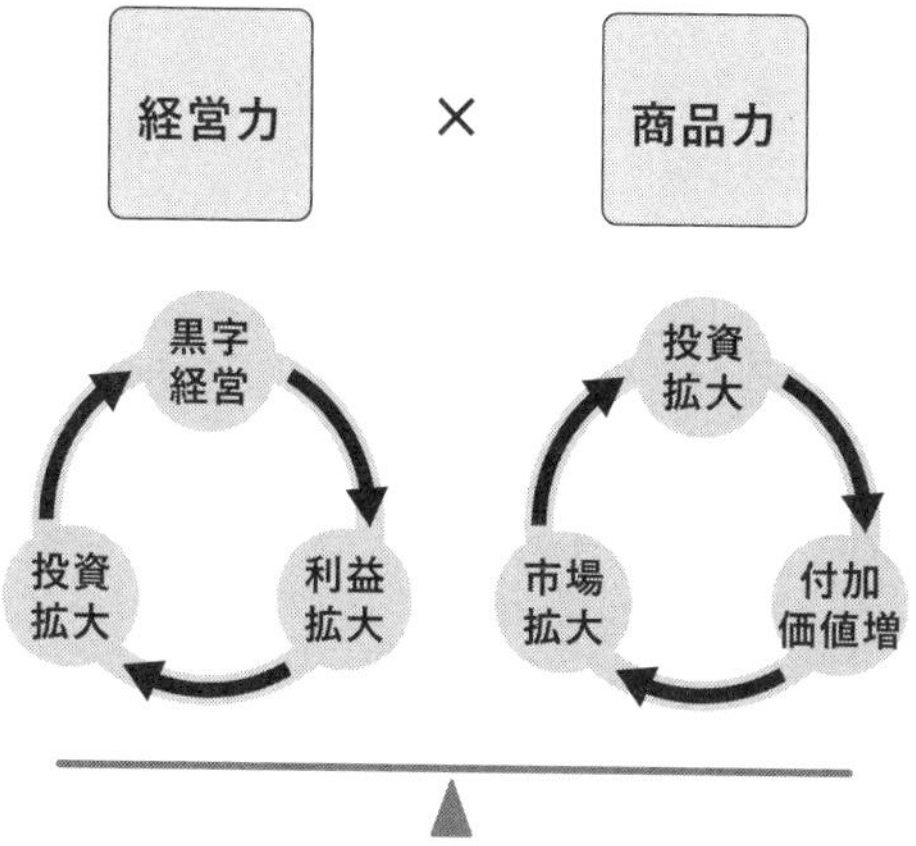

一番大切なのは、ゴールを決めることで、次の便利な問いかけに真剣に答えることが、計画作りの第一歩です。


「顧客は誰でどこにいるのか？（顧客創造）」

「いまの事業は将来どうあるべきか？（付加価値の研鑽）」

「目指すべき売上・利益・現金の金額は？（数字の拡大）」


経営の大失敗の九割は顧客創造の問いかけ方の悪さによるものです。

本章で紹介した失敗パターンを念頭に、顧客創造の問いかけを真剣に考えることが重要です。

ターゲット顧客が明確に定まると、付加価値の研鑽と数字の拡大に関わるゴールも自ずと決まります。

ゴールが決まったら、経営課題の発掘と数値目標の設定に取りかかりますが、こちらも、失敗パターンを念頭に実践すると、より精度の高い計画に仕上がります。正しい計画のもとで経営改善を推進すると、

経営バランスが整い、経営者の力と共に、会社の経営力と商品力がみるみる高まります。

例えば、計画に基づいて顧客が創造されると売上が増え、付加価値が研鑽されると利益が増えます。そして、利益が増えると成長投資と共に顧客創造が一段と加速します。

この経営サイクルを確立させるために実践するのが経営改善であり、経営改善を推進する計画の精度が、経営の成果を大きく左右します。

経営者が勉強し、正しい目標と計画を作り、計画を推進して経営バランスを整える。

これが、失敗から学んだ「企業成長の原理原則」です。

第2章

決断力なき企業は滅びる！

――失敗に学ぶ！　経営者の必須スキルとマインド

決断力こそ、中小企業の生命線

永続的な企業成長を実現するための計画推進に外せない、経営者の必須スキルがあります。

それは、経営者の決断力です。

どんなに素晴らしい計画が手元にあったとしても、経営者に決断力がなければ、間違いなく会社経営に失敗します。計画を推進し、成果を出すためには、優れた決断力が必要なのです。

経営者の決断力は次の三つで成り立っています。

「決断のスピード」
「決断の質」
「決断の検証」

特に、中小企業の生命線になるのが、決断のスピードです。

経営者が決断しなければ何事も前に進みません。

やる・やらないの決断は、速ければ速いほどよいのです。

わたしも決断には数秒の時間しか割きませんし、できる社長ほど決断のスピードが速いです。

決断は、やる・やらないの二択だけではありません。決断の判断材料が不足していれば、間髪を容れずに判断材料を求めるのも決断です。決断した後に不安を感じたならば、間髪を容れずに元に戻すのも決断です。

すべての決断をスピーディーに進めることが、企業成長の速度を決定付けます。

決断しない社長のもとで会社が成長することはなく、そのような経営者は、会社にとって不幸の種にしかなりません。例えば、経営者の決断が遅いために、ライバル企業に後れを取る、販売の好機や成長の機会を逃す、といったことはよくあることです。

決断はスピードが命です。

続いて、決断の質も重要です。

なぜなら、どんなにスピーディーに決断をしたとしても、その決断の質が劣っていれば、加速度的に会社が衰退するからです。

企業努力を続けているが、なかなか成果が出ないといった症状が出ている企業は、決断の質が低下している可能性が高いです。

決断の検証もとても重要です。

会社を取り巻く環境は絶えず変化しているため、どんな決断にも想定外のリスク（失敗要因）が付いて回ります。つまり、決断の先を予測することはできても、決断の先を一〇〇％当てることは誰にもできません。

決断のリスク検証を疎かにすると、必ず大きな失敗を引き起こします。

それが明日か一年後か、はたまた一〇年後かは分かりませんが、結果は変わりません。検証のない決断ほど怖いものはありません。例えば、企業衰退の原因になり得る赤字商品や赤字取引、あるいは、現場の生産性低下や顧客の不満等、誰の目にも明らかな現象は、決断の検証がしっかりしていれば、適宜、解消することができます。

経営者の「決断のスピード」「決断の質」「決断の検証」——この三つの精度が上がると、確実に会社の成長が加速します。

(なお、決断力を実行力と置き換えても同じ意味になります。本書では以後も決断力に統一して解説を進めますが、経営者の実行力は決断力と同等に重要です)

決断力の三要素①

「決断スピード」とその高め方

決断のスピードは、社長業の経験と体験がものを言います。

従って、決断のスピードを上げるには、すべて自分の責任で決断するマインドを身に付けることが不可欠です。

責任感のない決断をいくら繰り返しても、社長業の経験値が高まることはなく、決断のスピードは上がりません。こればかりは理屈ではなく、とにかく自分の責任で決断する癖を付けるしかありません。

自分の決断の結果を他人のせいにしているうちは、一生、決断のスピードは上がりません。

副社長以下は、自分の決断を委ねる相手がいますが、経営者は、意思決定の最後の砦《とりで》であり、すべて自分の責任で決断しなければならない立場にいます。つまり、経営者は、決断の結果を他人のせいにできない唯一無二の立場にいるのです。

さらに、会社の業績は、経営者の決断の連続で決まっていくため、業績に対する経営者の責任は非常に重いのです。

会社の業績も、社員の能力も、経営者の人生も、すべては自分の決断の結果であり、

自分の責任です。

決断の結果が失敗であり、その原因が社員や第三者、あるいは不可抗力的な原因によるものであっても、すべての責任を自分に帰結する姿勢が決断のスピードを上げるコツになります。

また、他人や他社が起こした失敗や不祥事に直面した時に、我が事（責任）として教訓を得ようとする謙虚な姿勢も社長業の経験値を高め、瞬時に決断できる思考力を磨いてくれます。

責任ある決断を繰り返していると、たとえ自分の決断が原因で失敗を招いたとしても、徹底的に失敗の原因を分析するようになるため、一つの失敗が次の決断に活かされるようになります。

このマインドが身に付くと、決断するたびに社長業の経験値が高まり、決断のスピードがみるみる上がっていきます。

景気が悪化し、消費が低迷している中でも、元気の良い会社経営ができるか否かは、実は、経営者が常日頃から責任ある決断をしているか否かで決まります。

ご自身の決断を顧みて、次の三つの質問に答えてください。

「決断のスピードを意識していますか？」
「決断の責任を一身に背負っていますか？」
「社長業の経験と体験をしっかり積んでいますか？」

この三つの問いに対して、少しでも不足があるようであれば、決断のスピードを上げる余地が残っているということです。つまり、責任の取り方に甘さが残っているのです。

決断力の三要素②

「決断の質」とその高め方

決断の質を高める方法は様々ありますが、決断に失敗しないために欠かせない三つのポイントを紹介します。

「管理会計」「情報量」「専門家の活用」

管理会計は、決断の根拠を支える重要ツールです。車のメーターのようなもので、会社の経営状態を可視化し、決断の質をグッと高めます。

情報量も決断の質を高めるうえで重要です。情報と言っても、何の情報が必要か、何にアンテナを張り巡らせておくべきか、そしてまた、情報の質については後述します。

専門家の活用も決断の質を高める有効な方法です。経営全般にわたって高い専門性が身に付いているゼネラリストタイプの中小企業経営者は極めて稀《まれ》です。大概は、営業や開発など、一つの領域に偏っているため、経営者の経験不足や苦手分野を専門家にフォローしてもらうことは、決断の質を高める賢い方法です。

決断の質は「管理会計」で決まる！

管理会計の実践例と失敗事例を紹介する前に、まずは、管理会計の必要性について簡単に説明します。


成長の兆候も、衰退の兆候も、必ず数字に表れます。

さらに、会社の数字は、経営者の成績そのものです。

従って、管理会計は経営者の必須スキルです。

例えば、

「あなたは自分の会社経営に不安はありませんか？」

と問われて、

「不安はゼロです」

と答えられる経営者は決して多くありません。

経営のリスクや不安を払拭《ふっしょく》するには、論理性を高めることが必要です。
高い論理性のうえに成り立っている会社経営は、成功であれ失敗であれ、根拠付けができ、成功の必然性を高めるための対策や修正の精度が上がるからです。
これが、論理性のかけらもない行き当たりばったりの会社経営であったなら、どうなるでしょうか？　経営の不安が払拭されるどころか、不安が増長されるのは目に見えているでしょう。

管理会計は、論理性を高めるうえで欠かせない必須スキルです。
管理会計を導入すると、安定経営の基盤がどんどん盤石なものになっていきますし、少々の判断ミスをしたとしても修正が働き、経営悪化のリスクはグッと下がります（管理会計の基本概要については二〇八ページからの「管理会計入門」をご覧ください）。

会社経営において、失敗しないことは、成功することよりも重要です。

経営者の勘が鋭いのに越したことはありませんが、管理会計を活用し、日頃から経営状況を緻密に分析することは、失敗をかわすために不可欠です。

管理会計の実践は簡単です。

例えば、当期と前期の売上高を用いて計算する売上高成長率のモニタリングも立派な管理会計です。多くの経営者に馴染みのある売上総利益率（粗利率）のモニタリングも管理会計です。

会社に管理会計を導入したいと考えている中小企業経営者に、お薦めの実践例をいくつか紹介します。ぜひトライしてください。

■管理会計の実践例1「資金繰り改善」

最初に紹介するのは、数字をチェックして資金繰りの悪化を防ぐ管理会計手法です。

売上や利益が増えている一方で、なかなか資金繰りが楽にならない会社は、チェックすべき数字を見落としています。

次の要領で数字を毎月チェックしていれば、資金繰り改善の目標と行動が明らかになります。

○損益計算書の数字チェック

損益計算書は、年計の数字（直近一二カ月合計）で良し悪しをチェックします。年計の方法は、例えば、四月であれば、前年五月から当年四月までの一二カ月分の数字を合計すると計算できます。比較対象は前月の年計数字です。

金額が増えると良い数字‥売上、売上総利益、営業利益
金額が増えると悪い数字‥売上原価、販売管理費

金額が増えると良い数字を伸ばしながら、金額が増えると悪い数字を減らす、あるいはキープする努力が、資金繰りを楽にする法則です。

○貸借対照表の数字チェック

貸借対照表の数字は、月末残高の数字で良し悪しをチェックします。比較対象は前月の残高数字です。

金額が増えると良い数字：現預金、純資産

金額が増えると悪い数字：棚卸資産（商品等在庫）、売掛金、受取手形

金額が増えると良い数字を増やしながら、金額が増えると悪い数字を減らす、あるいはキープする努力が、資金繰りを楽にする法則です。

特に、営業利益よりも棚卸資産や売掛金が増えると、現預金が減って資金繰りが悪化します。

■管理会計の実践例2「経営分析」

次に紹介するのは、経営指標を用いて会社の成長性と安全性を分析する管理会計手法です。三～五期分の会社の決算書を手元に用意して、それぞれの経営指標を分析してみてください。業種業態に関係なく、どんな会社にも通用する経営指標です（各経営指標の計算方法は、二二二ページからの「中小企業に適した経営指標一覧」をご覧ください）。

損益面（成長性）：売上成長率、売上総利益高（粗利高）営業利益率、営業利益の金額

資産面（安全性）：当座比率、自己資本比率、現預金と純資産の金額

実際に計算すると、管理会計が意外とやさしい手法であることが実感できると思います。この手の分析は、一カ月分、あるいは、直近の決算書一期分の数字を分析しても、会社の経営実態は見えてきません。

決算書であれば、直近から過去三〜五年分の分析が必要です。点から線へ、線から面へというように、過去から現在までの一定期間の業績推移が分かると、経営実態が明らかになり、将来の業績予測の精度も上がります。

数少ない経営指標であっても、過去三〜五年分の数字を並べてみると、会社が良い方向に進んでいるのか、あるいは、悪い方向に進んでいるのかが一目瞭然です。

管理会計（会社の数字）は、色々なことを経営者に教えてくれます。

例えば、成長性が悪化している会社は、売上と利益を上げるための経営改善策を真剣に考えるきっかけになります。安全性が劣っている会社は、利益を拡大して、借金を減らし、純資産を増やすための経営改善策を真剣に考えるきっかけになります。

■管理会計の実践例3「現状分析と未来予測」

最後に紹介するのは、業績推移を的確に把握し、現状分析と未来予測の精度を高める管理会計手法です。

業績推移を的確に捉えることは、決断の質を高める出発点になります。

業績推移表は、たったの二つです。

月次の貸借対照表（B／S）と損益計算書（P／L）を元にそれぞれ作成します。

貸借対照表ベースの業績推移表は、各項目の月末残高の金額を毎月転記するだけです。

損益計算書ベースの業績推移表は、各項目の年計金額を毎月集計して転記するだけです。

例えば、四月の年計は、前年五月から当年四月までの一二カ月分の業績を合計すると計算できます（二一七ページから表サンプルと作成要領をそれぞれ紹介していますのでご覧ください）。

年計の損益は、特需や季節要因がすべて解消されるため、正しい業績推移を的確に

把握することができます。

業績推移表があれば、視覚的に会社の業績が把握できるため、数字が苦手な経営者でも会社の数字を正しく理解できます。

また、未来予測の精度も高まります。

例えば、「この先半年間は、前年並みの業績をキープできるだろう」という見通しであれば、この先半年間は業績推移が悪化する可能性が低い、ということが具体的数字と共に分かります。

さらに、貸借対照表の「現金」と「純資産」の金額推移、損益計算書の「売上」と「営業利益」の金額推移を常にチェックすることで、先手先手で対策を講じることができます。

業績予測の精度が高まれば、経営者の決断の質も自然と高まります。

この管理会計手法なくして経営の成功はあり得ない、と言っても過言ではなく、管理会計なしに経営者の決断の質を高めることは不可能です。

実践例で紹介した手法だけでも、十分に効果のある管理会計を運用することができます。そして、管理会計が定着すれば、経営者の決断の質は間違いなく高まります。

■管理会計の失敗パターン

続いて、管理会計のよくある失敗パターンを紹介します。

失敗パターンに一つでも該当すると、管理会計の運用、または会社経営に失敗する可能性が高まります。

失敗パターン1 「月次決算書の精度が低い」

一カ月分の売上に対応する経費の集計がいい加減な会社、減価償却費の計上や棚卸を省略している会社は、月次決算書の精度が低い典型例です。

このような状況下で、管理会計を運用しても失敗するだけで、決断の質も著しく低下します。

売上にしか興味がない経営者ほど、月次決算書の精度がいい加減です。

失敗パターン2 「月次決算の仕上がりが遅い」

月次決算書の締め日から一週間以内に仕上げなければなりません。仕上がりが遅いほど、古いデータを元に決断することになり、対応が後手後手に回ります。

業績が悪い会社ほど、月次決算書の仕上がりが遅く、一カ月遅れ、二カ月遅れも珍しくありません。

失敗パターン3 「重要指標を見落とす」

売上や売上総利益（粗利）に興味を持つ経営者は多いですが、会社存続を決定付ける重要指標である「利益」や「現金」の増減に興味を持つ経営者は意外と少ないです。このような重要指標を見落とすと、会社は衰退します。

「利益」と「現金」がなくなると会社は潰れます。

失敗パターン4 「税理士任せ」

税理士は税務を請け負うプロですが、会社経営のプロではありません。

会社の数字から、成長と衰退を読み解く技術もなければ、義務もありません。うちの会社には税理士の先生がいるので数字の分析は大丈夫と過信している経営者は実に多いのですが、そのような姿勢では、会社は間違いなく衰退します。

会社経営の肝である数字の分析は、経営者の仕事です。

失敗パターン5 「商品別の損益が不明」

赤字商品や赤字取引が原因で衰退する会社は、商品別の損益管理がまったくできていません。

月次決算書だけでなく、商品別、取引別、あるいは、営業、配送といった業務別の損益管理も重要です。売れば売るほど資金繰りが悪化する会社は、個別損益の分析ができていない典型例です。

どんぶり勘定になる経営者の大半は、全体の数字しか見ていません。

失敗パターン6　「計画作りに活用しない」

計画作りにおいても管理会計は活用でき、予算管理などはその代表です。
予算管理がない会社は、目標がない、利益意識が低い、コスト管理がいい加減等、会社衰退に直結する弊害を沢山生み出します。

失敗パターン7　「継続性がない」

継続性がない管理会計は使い物になりません。時間と労力のムダなので、やらない方がマシです。

管理会計は、継続的に運用することで、正しい業績推移の把握が可能になります。また、会社経営に使える経営指標の種類もうまく絞り込むことができます。

数字に振り回されて決断を誤るパターンは、継続性のない管理会計の典型的な弊害です。

管理会計の運用は簡単です。
失敗パターンを念頭に管理会計を設計・運用することが、決断の質を高める秘訣です。

決断の質は「情報量」で決まる！

情報量は、決断の質を高めるうえで必須です。

例えば、顧客やライバルに関する情報がなければ、まともな会社経営ができなくなることは容易に想像ができるでしょう。また、たとえ相手よりも能力が劣っていたとしても、情報

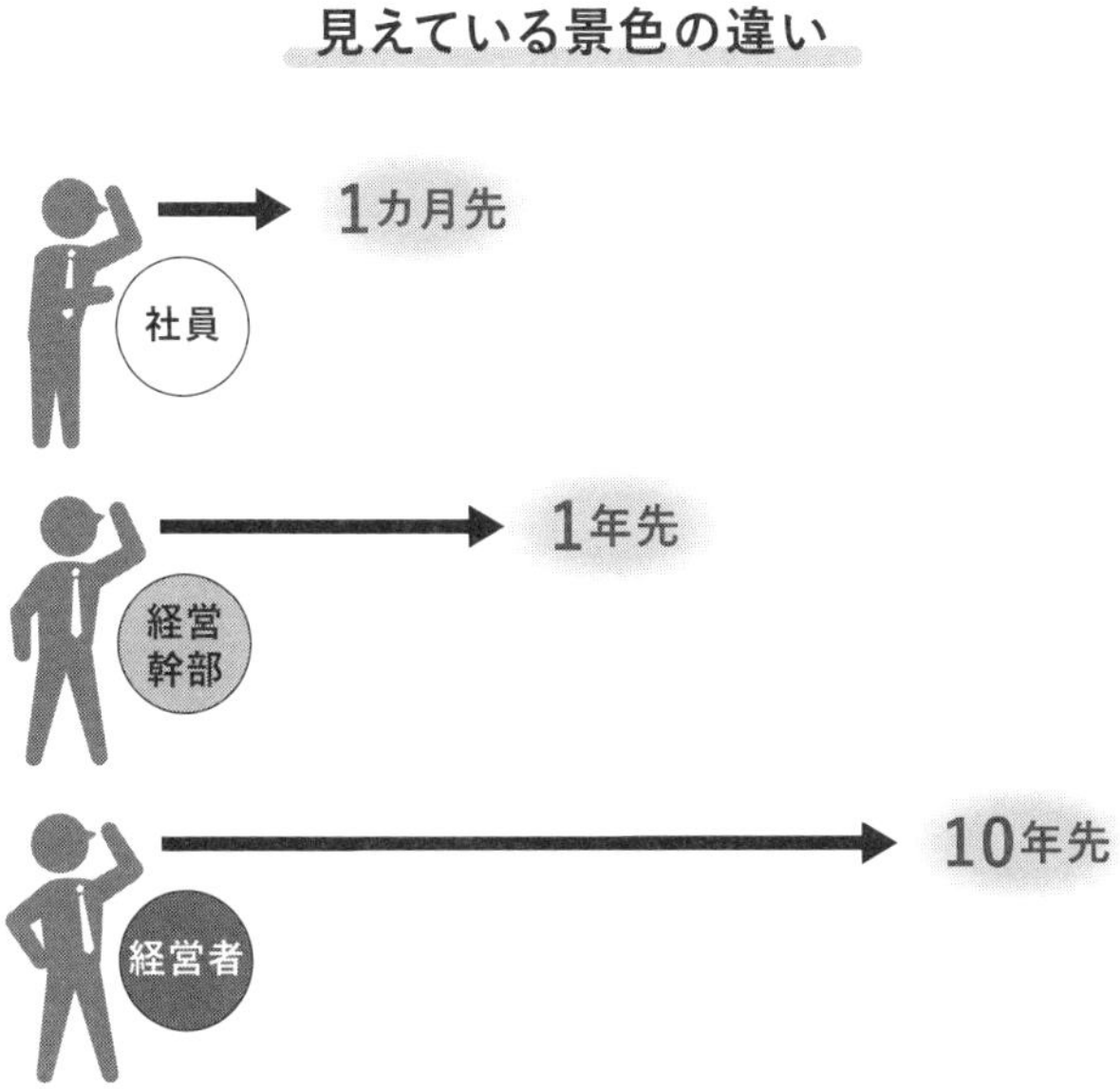

の優劣如何で勝負に勝てることは多々あります。

優れた情報は、現場にあります。

生産現場、接客現場、営業現場、配送現場、受発注の現場、消費者の現場等、机上の空論が通用しない現場の領域は数多くあり、そうした現場から、いかに優れた情報を集めるかで、経営者の決断の質が決まります。

現場の声を聞くのは経営者の役割です。

気を付けてほしいのは、経営者と社

員では、見えている景色がまったく違うということです。社員はせいぜい一カ月先、幹部はせいぜい一年先ですが、経営者は三〜一〇年先を見据えて仕事をしています。

当然ながら、見えている景色が違えば同じ情報であっても活かし方は大きく変わってきます。社長が現場の声を聞く重要性はここにあり、この理は、大企業でも中小企業でも同じです。

できる経営者ほど、現場の情報を的確に捉えています。

トヨタの歴代社長は現場好きで有名です。マクドナルド創業者のレイ・クロック氏は億長者になった後も店舗（現場）に通ってマニュアルが守られているかを観察していました。イケア創業者のイングヴァル・カンプラード氏は八〇歳を超えても売り場のレジ横に立って現場を観察していました。

中小企業は慢性的な人手不足で、社長自らが現場に入って作業することも珍しくありませんが、大事なのは作業に没頭することではありません。

現場の情報を経営に活かす。これができるのは経営者だけです。

経営者が現場の声を聞かなければならない理由は、もう一つあります。

悪い情報は、経営者の耳に入ってこないということです。

現場社員の不満や愚痴、顧客の不満やクレーム、場合によっては、会社の業績も隠されることがあります。

社員が三〇名を超えていけば、経営者の目は間違いなく行き届かなくなります。

だからこそ、経営者が積極的に現場に足を運び、情報をキャッチしなければなりません。

机に座って現場からの報告を待っているだけの社長のもとには、確かな情報が上がってくることはなく、決断の質はいつまでたっても高まりません。

経営者が椅子に座っている時間が長い会社は危険です。

情報収集の失敗パターン

ここで、情報を収集するうえで、よくある失敗パターンを紹介します。

失敗パターン1 「現場無視」

製造業であれば生産現場、サービス業であれば接客の現場、開発業であれば消費者の現場に足を運び、本物の情報を仕入れなければ、情報を誤り、決断を誤ります。机上の空論が通用するほど会社経営は甘くありません。

失敗パターン2 「顧客無視」

世の中に数多ある商品を比較検討のうえ、身銭をきってその会社の商品を購入した顧客は、その商品の良し悪しに関わる情報を最も熟知しています。

優れた情報は顧客が持っています。顧客の喜びや不満といった情報をいかに感知し、活用するかで、決断の質には天と地ほどの差が出ます。

上場企業の中にも、社長自らが素性を隠して顧客と触れ合い、経営に活かせる情報を収集している会社があります。

中小企業にとって顧客の情報は、大企業を打ち負かす強力な武器になります。

失敗パターン3「数字無視」

成長の兆候も衰退の兆候も、すべて会社の数字に表れます。

売上が伸びている一方で利益が下がることはよくあるケースですが、これは利益という数字を無視したために陥る典型的な失敗パターンです。

失敗パターン4「悪い情報の扱い」

失敗、クレーム、数字の悪化などの会社衰退に直結する悪い情報は、成長のきっかけになる良い情報でもあります。

この手の情報を報告した社員を叱責《しっせき》すると、社員が委縮してしまい、組織全体が保身に走り、悪い情報が隠ぺいされるようになります。こうなると、大失敗が表面化するのは時間の問題です。

悪い情報こそ報告し合える環境作りが、情報の質を高める秘訣です。

失敗パターン5 「対価をけちる」

優れた情報には、時として相応の対価が発生します。決断の質を高めるために必要と判断したのであれば、相応の対価を支払ってでも、さっさと情報を仕入れた方がよいケースは数多くあります。

経営者は「時は金なり」を意識しなければなりません。無料の情報だけに執着している経営者には、良い情報は巡ってきません。むしろ、悪い情報を掴まされて失敗するケースもあります。

情報の大切さを知らない経営者は失敗します。

失敗パターン6

「相対比較をしない」

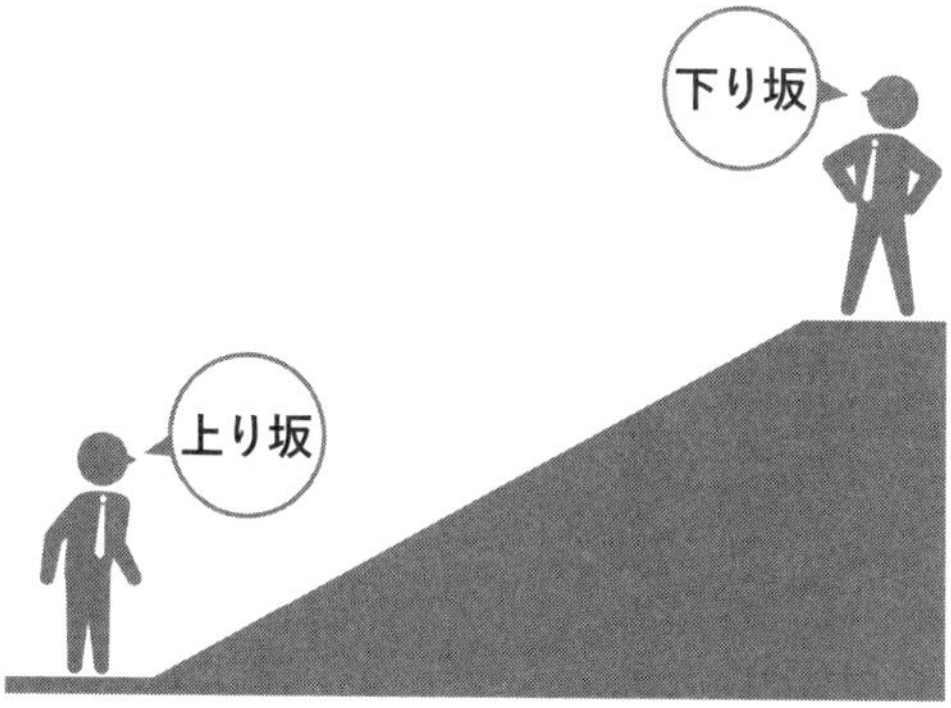

同じ情報でも違う立場に立って眺めてみると、違った景色が見えるものです。

上図は、立場の違いで景色が変わるという例です。

下に立てば上り坂、上に立てば下り坂、同じ坂でも立場が変わると景色が変わる良い例です。単一的な視点や近視眼的な視点で情報を収集すると、必ず決断を誤ります。

主観・客観、メリット・デメリット、ポジティブ・ネガティブ、プラス・マイナス、ミクロ・マクロ、売り手・買い手、賛成・反対、長期・短期、現実・理想、内部・外部等、同じ情報を相対比較で分析すると情報の質が高まります。

失敗パターン7 「聞く相手を間違える」

「餅は餅屋（何事もその道のプロに任せるのが一番良いということのたとえ）」の言葉通り、聞く相手を間違えると、使い物にならない情報を掴まされて決断を誤ります。法律問題であれば、弁護士や法務局に、税務問題であれば、税理士や税務署に、経営問題であれば、経営コンサルタントに、現場の問題であれば、現場の社員に等、情報収集は聞く相手が重要です。

決断の質は「専門家の活用」で決まる！

専門家の活用は、決断の質を高める有効な方法です。

知識や経験の専門性を高める方法は二つしかありません。

「自分で勉強して経験する」

「専門家の知恵を借りる」

確実なのは、後者の「専門家の知恵を借りる」方です。

自分に不足している部分を専門家に補ってもらうことができ、最短で知識や経験値を高めることができます。

わたしも、弁護士や税理士などの士業の先生方や、マーケティングや技術開発などに特化した専門家を状況に応じて活用しています。

自分で勉強して経験することは素晴らしいことですが、経営者の時間は限られています。しかも、独学は誤った方向に行った時の失敗リスクが大きいのです。


自分の誤りを正す方法は二つしかありません。

「自分で誤りに気付く」
「他人に誤りを正してもらう」

経営者になると、意見してくれる人が周囲からいなくなります。

他人に誤りを正してもらうことは、現実的にはほとんどありません。大概は、自分で誤りに気が付かない限り修正することが難しく、場合によっては、失敗まっしぐらというパターンに陥ります。

従って、最初から専門家を上手に活用した方が確実であり、費用対効果もずっと高いでしょう。

大きい決断ほど専門家の活用が有効です。

わたしの経験談を一つ紹介します。

わたしが経営者になる決心をしたのは、上場企業を経て中小企業の経営に参画した一年後の、二七歳の時でした。当初、自分が立てたプランは、大学院に行って経営者のスキルを身に付けるというものです。ある大学院を受験して合格通知をもらった足で、専門家の判断を仰ぎました。

その方は、わたしより三五歳年上で、経営者としても、経営コンサルタントとしても成功されている方ですが、真っ先に次のような質問を浴びせられました。

「君は学者になりたいのか？　それとも、経営者になりたいのか？」

わたしが「経営者になりたい」と答えると、「それであれば、大学院に行っても何の意味もない。経営の実践で役立つ実学を学びなさい」と言われ、仕事を続けながら、法律と会計の勉強を始めるに至りました。

あの時、専門家の意見を聞いていなかったら、いまの自分は絶対にありませんし、経営コンサルタントとして独立することもできなかったでしょう。

専門家活用の失敗パターン

ここで、専門家を活用するうえで、よくある失敗パターンを紹介します。

失敗パターン1　「問題の本質を見誤る」

会社の問題点の本質は何か、自分が抱えている悩みの本質は何かを明らかにしなければ、頼るべき専門家は見えてきません。

色々な専門家のアドバイスを聞いてはいるものの、業績が一向に伸びない会社は、この失敗パターンにはまった典型例です。

問題の本質が見えない場合は、なぜなぜ問答を繰り返していくことです。

失敗パターン2 「肩書に騙される」

立派な肩書があっても頼れる専門家である保証はありません。

弁護士や税理士にも専門分野がありますし、経営コンサルタントにも、中小企業が得意な人とそうでない人がいます。

有名企業出身などの肩書も、優秀かどうかを保証するものではありません。

肩書に惑わされず、問題の本質にマッチした実力のある専門家を見つけることが、専門家選びで失敗しない秘訣です。

失敗パターン3 「対価をけちる」

情報収集の失敗パターン同様、専門家への対価をけちると、良い専門家と巡り合うことはできません。

対価を値切るのは論外です。専門家の働きが対価に見合わないのであれば、関係を解消すればよいだけのことです。大切なのは、なるべく若い時期から身銭をきって専門家と付き合い、専門家の能力を選別する、あるいは、専門家の能力を引き出す確かな力量を磨くことです。

決断力の三要素③ 「決断の検証」とその高め方

決断の検証を高める方法は様々ありますが、なかでも、失敗しないための三つのポイントを紹介します。

「管理会計」
「組織力」
「マネジメント」

管理会計は、決断の質と同様に、決断の検証においても重要です。なぜなら、決断の結果はすべて数字に表れ、その数字をモニタリングすることで正しい検証が可能になるからです。

管理会計の基本、実践法、失敗例は、すでに解説済みであるため割愛しますが、実績推移を継続的にモニタリングすることを決して忘れないでください。

特に、「現金・純資産」の資産推移と、「売上・営業利益」の損益推移の確認は必須です。いずれも増加傾向にあれば会社が成長している、逆に、どれか一つでも減少傾向にあれば会社が衰退している、ということです。

組織力とは、決断を下すのは経営者ですが、決断の実行部隊は社員にあるということです。決断の結果は、現場に表れるため、組織力が低いと現場に表れる異変を見逃してしまいます。

マネジメントとは、基本であるＰＤＣＡサイクルを回すことが典型例になるでしょう。ＰＤＣＡとは習慣化であり、成長のもとになる強力な武器になります。

─組織力が高いほど決断の誤りをキャッチしやすい─

「決断の検証に組織力?」と、疑問に思う方もいるかも知れません。

実は、組織力ほど検証に役立つものはないのです。

組織力が高いと、たとえ決断を誤ったとしても、その異変を現場の社員がキャッチして、すぐに修正が働きます。


逆に、組織力が低いと、社員が異変をスルーしてしまい、決断の誤りから会社を衰退させます。


ここで、組織力の低下から決断の検証に失敗するパターンを紹介します。

組織力は、業績とも密接に連動するため、失敗パターンをしっかり頭に叩き込んでおいてください。

失敗パターン1 「判断基準を与えない」

社員の中に判断基準がなければ、組織の検証は機能しません。どんな会社経営を目指しているのか、会社の強みは何か、顧客との約束は何か、やってよいこと、いけないことは何か等、経営者が自分の考えを社員に伝えない限り、社員の中に確固たる判断基準が定着することはありません。

「社長は何を考えているのか分からない」と、社員に思われているような会社は、経営者が社員に対して判断基準を与えない典型例です。

経営者が普段から思っていることを社員に伝えるだけで、社員の判断基準は経営者と同質なものになっていきます。そうすれば、誤った決断から、経営者が望まない結果が生じたとしても、現場の社員が異変を知らせにすぐに経営者のもとに飛んできて、即時、修正が働きます。

失敗パターン2　「情報を共有しない」

目標と計画、目的と手段、数字と結果等、社員の判断力を高める情報共有なくして、検証の精度は上がりません。

失敗やクレームなどのマイナス情報に関しても共有すべきです。

経営者の口から「その情報聞いてないぞ」、あるいは、社員の口から「その情報聞いていません」と頻繁に出てくるような会社は、情報を共有しない典型例です。

検証精度が低下するだけなく、経営者と社員の不仲や対立を生み出す元凶にもなります。

失敗パターン3　「社員を教育しない」

社員教育は、外部機関や外部講師に頼る必要はありません。

会社に関連する分野の教育だけでも十分な効果が得られます。

会社の強みや数字の勉強会、商品の勉強会、顧客の声の検討会、開発の検討会は必須です。

会社に関連する分野の教育が行き届いていれば、社員の自主性と責任感が高まります。また、即座に異変をキャッチできるようになります。

顧客のクレームが放置されている、商品の不良率が悪化している、利益意識が低い等、会社衰退に繋がる症状が出ている会社は、社員教育が不十分で、組織の検証力が機能していない典型例です。

失敗パターン4「社員満足度を追求しない」

社員満足度と愛社精神は比例します。

そして、愛社精神は組織力と共に検証精度を引き上げます。反対に、社員の気持ちが会社から離れると、あっという間に会社が衰退します。

会社に対して不満を抱くと、投げやりな言動に陥り、たとえ会社の衰退に繋がる異変を発見したとしても、「会社が良くなろうが悪くなろうが自分には関係ない」という態度で、その異変を見逃してしまいます。

また、経営者が社員からの尊敬を集め、社員満足度を一段と高めるために、経営責任やモラルを持つ、公私混同を控える、社員を信頼する、社員の幸せを応援する、事業拡大の意欲を持って先頭に立ち、リーダーシップを発揮する、といった経営姿勢を実践することも不可欠です。

失敗パターン5「社員とコミュニケーションを取らない」

社員が会社を辞める最大の理由は、経営者や上役との関係悪化です。

社員とのコミュニケーションが希薄化している場合は要注意です。特に、売上が悪く会社全体の雰囲気が硬直化している時や、ワンマン経営に近い場合は、小さな不満が火種となって不信感が募り、不必要な誤解も生まれやすくなります。

どんなに多忙であっても、「ありがとう」や「ごくろうさま」といった声がけや、お総菜やお菓子の差し入れだけでも効果は絶大です。

経営者にとっては、何気ないひと言や気遣いであっても、社員の受け取り方は違います。人によっては、自宅に帰ってから家族に対して、「今日、社長にこんなひと声をかけられた」「きちんとわたしの仕事を見てくれていた」と、嬉しそうに話したりもします。

経営者が率先して社員とコミュニケーションを取らないと、社員は社長の決断に付いてきませんし、組織力も業績も上がりません。

指示は、命令より相談。情報は、独占より共有。仕事は、放任ではなく援助。これらを常に大切にし、社員と一体になって経営に当たることが組織力を高める秘訣です。

組織の問題を発掘する実践的手法

続いて、組織の問題点を発掘する社員面談の実践的手法を紹介します。組織の問題を放置すると、決断の検証精度が著しく低下します。

ポイント1 「第三者に任せる」

社員は、経営者に対して悪い情報を言いません。経営者の身内批判や経営の采配批判は、なおさらしません。そのため、面談の聞き役は第三者に任せるのがベストです。お金に余裕があれば専門会社を頼るのがよいのですが、経営顧問や先代など、利害関係の弱い第三者を活用する方法もあります。

ポイント2 「秘匿を保証する」

社員が話す内容を秘匿《ひとく》にすることを約束します。

「あなたがこう言ったという伝え方はしません。何割の社員がこの問題を指摘している、という伝え方をします」と秘匿を保証するのです。あなたとわたしだけの秘密という関係を作れば、社員は正直に思っていることを打ち明けます。

わたしは、一〇〇〇名以上の中小企業の社員たちと面談をしてきました。社員の中には、秘匿という条件に安心して、涙を流しながら会社の窮状を訴える方もいました。社員同士で浮気している、社長に愛人がいる、といった笑えない情報を教えてくれる方もいました。とにかく、秘匿を保証しなければ、社員は心を開いて話してくれません。

ポイント3　「会社の良い点と悪い点を聞く」

会社を良くするには良い部分を伸ばすか、悪い部分を修正するかの二通りしかありません。社員に聞くのはこの二点です。

社員の中には、自分の考えを事前に資料にまとめて提示する方もいます。現場を熟知している社員は良い点（強み）も悪い点（弱み）もよく知っています。

ポイント4 「社歴の浅い社員から上に向かって行う」

社歴の浅い社員から上に向かって面談を進めることです。下から上に向かっていくと上司の能力が丸裸になります。なぜなら、社員は常に上役の背中を見て仕事をしているからです。ほとんどは、上役との面談前に、その方の管理能力が分かります。また、口のうまい経営幹部に惑わされるマイナスリスクも事前に解消できます。組織の真実を知るには、下から上に向かって面談することです。

ポイント5 「社員の意見を選別する」

社員の意見の選別は一定のセンスが必要ですが、複数の社員が指摘した問題と、一人の社員からであっても法律違反やモラル違反などの指摘は重要課題として採用し、個人攻撃やその社員自身の問題に該当する指摘や意見は見送る、といった要領で選別すると失敗が少なくなります。

社員からすくい上げた意見の選別作業を綿密に行うと、会社の問題点がどこにあるのか、あるいは、どの社員に問題があり、組織のどこに問題が生じているのかが明らかになります。

ポイント6　「社員の能力査定を行う」

面談を行うと社員の能力や業務適正が見えてきます。面談内容を能力査定の要素にすると、組織の最適化（適材適所）や人財発掘が円滑に進みます。

例えば、経営者が気付かなかった人財が見つかることもありますし、経営者が信頼していた社員が実は会社の足を引っぱる存在だった、ということが発覚することもあります。

ポイント7　「面談を定期化する」

面談を定期化すると、社員の成長を実感することができます。また、組織の最適化スパイラルも構築されます。少なくとも年に一回くらいのペースで行うことをお薦めします。

ちなみに、業績の良い会社は、経営批判が少なくて前向きな意見が多く、業績の悪い会社は、経営批判が多くて前向きな意見が少ないという特徴があります。

すべての意見を経営者の責任として受け入れ、問題の本質と向き合うことが、組織を良い方向に導く秘訣になります。

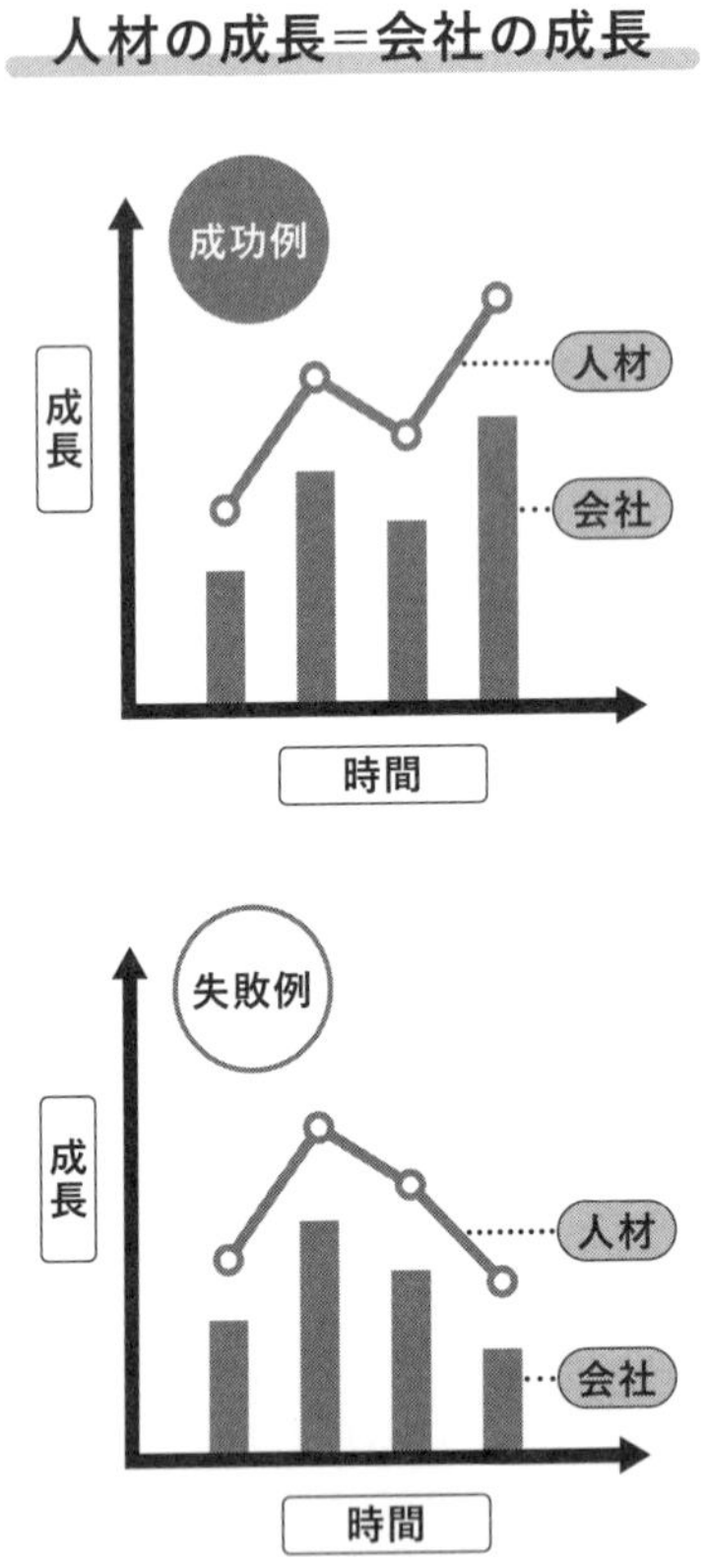

組織力は、決断の検証に欠かせない要素であるだけでなく、業績との比例関係もありますので、「企業は人なり」を意識して、しっかり取り組んでください。

三つのマネジメント手法を駆使する

決断の検証において、次の三つのマネジメント手法は重要です。

「PDCAサイクル」

「OODAループ」
「QPSA活動」

決断の検証精度を高める「PDCAサイクル」「OODAループ」「QPSA活動」について、さらに詳しく解説します。

━「PDCAサイクル」とその失敗パターン━

PDCAサイクルとは、Plan（計画）、Do（実行）、Check（評価）、Act（改善）の四段階で構成されている経営マネジメント手法です。

PDCAサイクルは経営マネジメント手法の基本中の基本です。

大企業であれ、中小企業であれ、

持続的成長を実現している会社は、見事にPDCAサイクルを実践しています。

ＰＤＣＡの本質は、作業的な流れではなく、成長サイクルの習慣化にあります。

しかし、悲しい現実として、このマネジメント手法を正しく運用している中小企業は決して多くありません。

例えば、計画はあっても実行が伴っていない、実行しても評価や改善を行っていない会社は珍しくなく、中には、計画そのものを誤っている、そもそも計画すらない、という会社も多くあります。

その理由は、ＰＤＣＡとは成長サイクルの習慣化にこそ意味があるため、始めてすぐに結果が出ることは珍しく、継続する根気より、目先の仕事が大事になるからです。また、完璧に回すことにとらわれて、途中で挫折してしまうパターンも多く見受けられます。


ＰＤＣＡの鍵は、本書では細かく書きませんが、立てた計画の三割でも四割でもうまくいけば成功だと思うことです。

ＰＤＣＡサイクルの運用ミスから決断の検証に失敗するパターンを紹介します。

失敗パターン1 「計画しない」

計画なくしてPDCAサイクルは始まりません。

目標に対する具体的計画を持っていない会社、計画はあっても内容が不十分な会社は意外と多いですが、これでは決断の検証は正常に働きません。行き当たりばったりの会社経営に陥るだけです。

目標を定めて必ず計画を作る。

さらに、数字（売上・利益・現金）、達成期日、担当者と責任者、これらをきちんと決めて、内容を具体的に仕上げなければ計画の実行性が低下します。なお、計画の期間を、一年、一カ月、一日というように短縮するほど、計画達成のスピードが加速します。

失敗パターン2 「実行しない」

計画や予算を作っただけで満足してしまい、実行の足が止まる経営者は決して少なくありません。

実行しなければ、計画の検証に至ることはなく、計画作りのスキルやノウハウも蓄積されません。

実行してみなければ分からないことは沢山あり、計画の正否も実行してみて初めて分かることが山ほどあります。また、失敗から学びを得られることも多々あります。

計画を作ったらすぐに実行することは鉄則です。さらに、計画以上の結果を出すために、経営者が先頭に立って、粘り強く実行を指揮することも欠かせません。

失敗パターン3 「評価しない」

評価は、決断の検証において最も重要なプロセスです。

なぜなら、評価しなければ、計画と実行の誤りを正すことができないからです。当然ながら、誤った計画と実行を推し進めていては、成長するどころか、衰退まっしぐらです。

評価するうえで注意すべき点は、勘に頼らないことです。具体的にどこが悪かったのか、どこが成功したのかをロジカルに詰めて気付いていくことです。

計画を評価しない会社は間違いなく衰退します。

恐いのは、衰退していることにさえ気付かずに進むことです。

失敗パターン4　「改善しない」

改善しなければ計画の修正は働かず、会社経営の成功などあり得ません。

計画には不確定要素が沢山入り込んでいるため、失敗リスクが付いて回ります。そうした失敗リスクを小さな段階で評価し、素早く改善することが、計画の成功率と決断の検証精度を上げる確かな方法です。


以上が、ＰＤＣＡサイクルの運用ミスから決断の検証に失敗するパターンです。

中小企業は経営者をはじめ、幹部自身も忙しく動いているため、立てた計画自体を忘れてしまい、言って終わり、作って終わりになるものです。ですから、定期的にＰＤＣＡ会議を開くことです。決断の精度を高めたければ、必ずＰＤＣＡサイクルを回してください。そうすれば、自ずと会社経営の安定と拡大の道筋が見えてきます。

「OODAループ」とその失敗パターン

OODAループは、もともとは米国空軍が開発した軍事理論で、Observe（観察・感知）、Orient（情勢判断）、Decide（意思決定）、Act（行動）の四つのマネジメント要素で構成されています。

現在では企業経営や組織運営等、周囲の状況変化や想定外の事象に素早く対応するため、つまり、決断の検証精度を高めるために幅広いシーンで活用されています。

導き出した答えが、情勢判断の変化により、真逆の答えになることはよくあることです。

OODAループは、前提や根拠の変化に素早く対応するための必須マネジメントであり、わたし自身もコンサルティングをするうえで欠かさず実践しています。また、何事も白黒をつけて思考をストップさせるのではなく、周囲の状況に応じて最適解を導き出すOODAループの実践は、知的イノベーションの源泉になります。

ＯＯＤＡループの運用ミスから決断の検証に失敗するパターンを紹介します。

失敗パターン1「観察・感知しない」

観察するうえで重要視すべき点は数字と現場です。

数字の良し悪しの答えは、必ず現場に転がっています。決断の検証がうまく機能せず、業績悪化の予兆を見逃す会社は、数字を観察していないか、現場を観察していないかのどちらかのミスを犯しています。

失敗パターン2「情勢判断しない」

決断の検証において、情勢判断を誤るパターンも多くあります。

例えば、まったく同じプラン（行動・条件等）であっても、情勢次第で成功に転じたり、失敗に転じたりします。ここで言う情勢とは、担当社員の能力、顧客の状況、景気や時勢、ライバルの動向、優先順位などです。

観察し、感知した結果を成功へと活かすには、周囲の情勢を瞬時に分析し、適切な判断を下さなければなりません。

情勢は時の経過と共に変化するので、情勢判断は分析力とスピードが命です。

失敗パターン3 「意思決定しない」

スピーディーに意思決定を下す癖を付けておかないと、意思決定の遅れが原因で、想定外の大惨事に繋がることも珍しいことではなく、資本力に乏しい中小企業の場合は、経営危機に陥ることもあります。

小さい組織ほど、意思決定を現場任せにせず、社長が責任を持って関わる必要があります。

失敗パターン4 「行動しない」

未来を変えるには行動することです。

行動を繰り返せば、周囲の状況に応じて最適解を導き出すＯＯＤＡループの実践が定着し、周囲の変化や対立、複数の原理を共生させる優れた対話技術や思考技術が磨かれます。

以上が、ＯＯＤＡループの運用ミスから決断の検証に失敗するパターンです。

なお、不確実性が高まる経営環境において、従来の経営マネジメント手法の代表であるＰＤＣＡサイクルは通用しないという論調を見かけますが、そんなことはありません。


ＯＯＤＡループの実践を支えるベースがＰＤＣＡサイクルであり、両方の併用こそが、決断の検証精度を高め、不確実性を乗り切る確かなマネジメント法です。

「ＱＰＳＡ活動」とその失敗パターン

ＱＰＳＡ活動とは、競争の優位性を決定付ける四つの要素、Quality（品質）、Price（価格）、Service（サービス）、Access（アクセス）の向上を推進する経営マネジメント手法です。

この活動が鈍ると競争の優位性が失われ、あっという間に市場競争からはじき出されてしまいます。また、ＱＰＳＡのいずれかの要素が一つでも低下すると、業績悪化のスパイラルにはまりやすくなり、挽回するのに、かなりの手間と時間がかかります。

従って、決断の検証においても重要な位置付けになります。

ＱＰＳＡ活動のミスから決断の検証に失敗するパターンを紹介します。

失敗パターン1 「品質の検証ミス」

決断の結果、顧客の不満に繋がる品質の低下や、社員の危険性を高める仕事の品質低下などを引き起こしてしまっては、元も子もありません。

品質の領域は、商品やサービスの品質に限らず、経営・製造・営業・配送・接客等、すべての領域の品質が含まれます。たとえ高品質な商品であっても、どこかの領域の品質が低下すると、顧客から「低品質」というレッテルを貼られてしまいます。品質低下を招く課題をつぶさに検証して、その課題を徹底的に解消することが失敗をかわす方法です。

実は、見逃しやすい一番気を付けるべき品質低下は、営業の品質です。人の品質ということです。

失敗パターン2　「価格の検証ミス」

顧客は価格に敏感です。価格の検証ミスから経営が不安定になることは、みなさんが思っている以上によくあります。

価格は、競合とのバランスだけではなく、価格に見合う品質か、価格に見合う情報発信が十分か、価格に見合うブランド価値があるか、価格で勝負できるコスト構造を構築しているか等、価格を構成するすべての部分を顧客目線で点検し、改善することが基本になります。

顧客目線や競合比較、内部環境の分析をせずして、価格を正しく検証することも、価格の優位性を保つこともできません。また、価格の決定権は経営者が持つべきです。

失敗パターン3　「サービスの検証ミス」

サービスの検証を誤ると、リピート顧客を逃す事態を引き起こします。リピーターは初回購入者の数倍の利益を会社にもたらす存在になるため、くれぐれも注意してください。

サービスの検証ミスを防ぐためには、商品の購入前、購入の瞬間、購入後の三つのタイミングを顧客目線で検証することです。

失敗パターン4 「アクセスの検証ミス」

アクセスの検証を疎かにすると、競争力の低下を招く大きな課題を見落としてしまいます。

アクセスは、立地や最寄り駅からの距離だけでなく、様々な領域にあります。

例えば、検索順位、検索のしやすさ、作業導線、納品日数、配達や集荷距離、営業や配送ルート、電話応対（呼出し時間・対応スタッフ数・回線数）など、検証すべきアクセス環境は会社の中に沢山あります。

衰退する会社ほどアクセス環境の検証が不十分であり、顧客目線になっていません。これからの時代は、いかにしてアクセス環境を高めるかが、会社経営の成功を決定付けます。

品質、価格、サービスの三つの要素がライバルと横並びになった場合、最後の勝負はアクセスで決まります。

以上が、ＱＰＳＡ活動のミスから決断の検証に失敗するパターンです。

ＱＰＳＡ活動に終わりはありません。終わりがないという前提に立てば、自ずとやるべきことが見えてくるはずです。

繰り返しになりますが、経営者の決断の検証精度を高めるうえで必須になるスキルは、「管理会計」「組織力」「マネジメント」です。

「管理会計を運用していますか？」
「組織力を高めるための努力をしていますか？」
「マネジメントをしっかり運用・実践していますか？」

この三つの問いに対して少しでも不足があれば、決断の検証精度が低下している可能性があります。

八六ページでも述べましたが、決断の先を予測することはできても、決断の先を一〇〇％当てることなど不可能です。

すべての決断には想定外の失敗リスクが付きまとっています。

決断の失敗リスクを放置したままの状態ほど危険なことはなく、決断の検証を疎かにすれば、企業はいとも簡単に衰退します。

決断の検証において、管理会計、組織力、マネジメントは必須条件であり、どれが欠けてもうまくいきません。

＊

本章もいよいよ最後となりました。ここでもう一度、大切なことを繰り返します。

決断力は経営者の必須スキルです。

成功の必然性を高めるためには、決断力を高めるための必須スキルとマインドを身に付けること、そして、そのスキルをうまく使いこなすためには、失敗パターンをかわすことが条件です。

第3章

その努力、本当に正しい努力ですか？

――失敗に学ぶ！　企業成長を実現する経営論

【復習】企業成長のための経営システムの構築法

本章では、企業成長を実現させるための「努力の仕方」について取り上げていきます。その前に、ここまでの復習を兼ねて「経営システムの構築法」（第1章と第2章の内容をまとめてこう呼称しています）について改めてまとめます。

まず押さえるべきことは、「経営課題の見落とし・見過ごし・見誤り」を絶対にしないことです。

そのための絶対条件は、黒字経営を維持し、経営バランスを整えるための経営改善を絶えず推進することです。

経営改善を推進する計画は、次の三つをベースにして作ります。

「顧客創造」
「付加価値の研鑽」

「数字の拡大（売上・利益・現金の拡大）」

計画作りは、「顧客は誰でどこにいるのか?」という問いかけから始まりますが、この問いかけが成功の九割を握っているのです。

計画を推進するうえでの必須スキルは経営者の決断力（実行力）です。そして、決断力は次の三つで決まります。

「決断のスピード」
「決断の質」
「決断の検証」

この三つの要素を支える必須スキルとマインドは次の通りです。

「すべての経営責任を背負うマインド」
「管理会計とマネジメントスキル」

「組織力・情報力・専門家の活用」

経営力を高めていける人は、経営者をおいてほかにはいません。

「すべての経営責任を背負うマインド」は最も重要です。このマインドが身に付かないと、管理会計とマネジメントスキルも、組織力・情報力・専門家の活用もうまくいきません。

企業成長を実現する経営システムの構築法を総括すると、次の三つのポイントに絞られます。

「黒字経営の実現」
「継続的経営改善の推進」
「経営者の決断力を高める」

この三つのポイントを押さえた会社経営が、成功の必然性を高めます。

どれか一つでも欠けると、間違いなく会社は衰退します。

また、これまでに紹介した数多くの失敗パターンをかわす努力も成功に不可欠です。業績が伸び悩んでいる会社や成長に陰りが出始めている会社の経営者は、本書を最初から読み返して頂ければ、成功の道のりが明らかになると思います。

―正しくない経営努力は無意味である―

企業成長を実現する経営システムを構築するには相応の経営努力が必要ですが、

会社経営において、努力すれば必ず報われるということはあり得ません。

日本国内の中小企業の数は約四三〇万社（総務省調べ）で推移しています。この中で、約七割（国税庁調べ）の会社が赤字経営に陥っていると言われています。

その数、三〇〇万社。

つまり、三〇〇万人の経営者が赤字経営に悩んでいるということです。

赤字会社の経営者は、みなさん努力しているはずです。資金繰りに奔走し、従業員に給料を支払うために駆け回り、昼夜休みなく、成長のきっかけを掴むための経営努力をしています。

そうした努力が報われないのは、努力の仕方に問題があるからです。

努力が不足しているのではなく、努力の仕方が正しくないのです。

努力すれば報われるのは子供の頃までです。大人になり、社会に出ると、努力したかどうかではなく、努力の仕方で結果が決まります。

努力の仕方を誤って会社が衰退するケースは多く、そもそも計画が正しくなくて、努力の仕方も間違ってしまうパターンが多いのです。

計画を誤り衰退する会社は、次の四つの失敗パターンに陥って衰退するケースが非常に多いのです。

現状認識を誤る　↓　ゆえに目標を誤る　↓　経営課題を誤る　↓　計画策定を誤り、会社が衰退する

最初の現状認識は最も重要で、ここを誤るとすべてが失敗に傾きます。

例えば、経営バランスが整っているものと勘違いする、失敗パターンに陥っていないものと勘違いすると、必ず現状認識を誤ります。

現状認識を誤ると、正しい目標が明らかになりません。経営改善がストップします。さらに、時の経過と共に経営課題を見落としていきますから、どんなに努力をしても成長のきっかけが掴めません。そして、少しのきっかけで会社経営が危機的状況に陥ります。

成功の八割は、計画で決まります。

段取り八分という言葉の通り、計画の精度はとても重要です。

計画次第で努力の結果が決まってしまうことを決して忘れないでください。

誤った経営努力で衰退した会社

ここで、わたしが再建に関わった二つの衰退企業の事例を紹介します。企業の盛衰を分かつポイントがよく分かると思います。

■A社のケース

業績・・売上二〇〇億円　営業利益△一〇億円　借金七〇億円

衰退原因

・事業の二〇%強が赤字経営に陥っていた。
・経営者が経営の勉強をしていなかった（責任感がない、数字に弱い、経営課題を放置している等）。
・ワンマン経営の弊害が出ていた（イエスマン優遇、ナンバー2不在）。

この会社の経営状況は惨憺《さんたん》たるものでしたが、然るべき計画はなく、業績は悪化の一途を辿っていました。しかも、こちらが提示した再建計画を拒み、自力再建の道を選択しました。

結末は、身売りです。

つまり、最後まで正しい努力ができず、会社経営に失敗したということです。

■B社のケース

業績・・売上四〇億円　営業利益△一億円　借金一〇億円

衰退原因

・赤字事業を容認していた。
・顧客を無視していた（悪い態度、サービス悪化、店舗が汚い、雰囲気が暗い）。
・組織が崩壊していた（命令系統崩壊、協力体制脆弱、問題社員放置）。
・イエスマン優遇で左遷や不当人事が横行していた。
・PDCAサイクルが機能していない（計画なし）。
・経営者が経営の勉強をしていなかった（責任感がない、数字に弱い、経営課題を放置している等）。

この会社の経営状況も危機的でした。然るべき計画はなく、業績も悪化の一途を辿っていました。A社との違いは、こちらが提示した再建計画をすぐに受け入れて、計画に基づいた経営努力をひたむきに続けたことです。

結末は、再建成功です。

わずか二年で営業利益をプラスに改善し、黒字経営に浮上しました。つまり、正しい努力をした結果、会社経営に成功したということです。

A社とB社の違いは、努力の仕方だけです。

正しい努力なくして、努力が報われることはなく、努力の仕方一つで企業の盛衰が決まります。

ご自身の経営努力を顧みて、次の質問に答えてください。

「独りで経営バランスを整え、黒字経営を継続できますか?」

「独りで継続的経営改善を正しく推進できますか？」
「独りで決断力を磨くことができますか？」

正しい努力をするには、最後のピースまでしっかり揃えないとダメです。
一つでも成功のピースが欠けていると、その部分が弱点になって会社衰退のリスクが高まります。

会社の業績は、経営者の力量で決まります。

ご自身の力量に少しでも不安が残るのであれば、専門家の力を借りて、不安を解消する経営体制を構築しなければなりません。そして、そうした不安を解消するために、経営の勉強を続けることも不可欠です。

経営者の勉強は一生続く

経営者の勉強は一生続きます。

すべての会社は、絶え間ない変化の中で生かされています。

何気ない日常であっても、経営を取り巻く環境は一度として同じものはありません。時間は過ぎ行き、人々の価値観はその時々で変化します。

毎日が初めてという前提に立てば、経営の勉強に終わりはない、ということに気が付くと思います。


ある映画の中で、次のような印象深いセリフがありました。


「世の中にはすぐに分かることと、すぐには分からないことの二つがある」

「すぐには分からないことにこそ、大切なものがあり、すぐには分からないことは、分かるまで反復して勉強するしかない」

会社経営の真理を突いた実に良い言葉で、心に強く残りました。

会社経営は分からないことだらけです。適当に流していいことなど、一つもありません。計画(予習)、検証(復習)はもちろんのこと、商品のこと、社員のこと、顧客のこと、世間のこと、経済のこと、あらゆる未知の領域に目を配って、反復して勉強しなければ成功を勝ち取ることはできません。

中小企業は経営者の力量で会社の業績が決まります。経営者の勉強の重要性は言うまでもないことです。

すぐには分からないからといって勉強に背を向けても発展はなく、むしろ、会社衰退のリスクを引き上げます。

すぐには分からないことを理解するには反復勉強が欠かせませんが、コツは、二倍の時間をかけて復習することです。

例えば、一時間で読み終えた経営本を、二時間かけて自身の会社環境に照らし合わせて復習する、一時間の経営セミナーであれば二時間かけて講義内容を整理する、一時間かけて叱られたのであれば二時間かけて反省する、といった要領で反復勉強すると理解が数倍進みます。すぐには分からないからといって、決して逃げないでください。

経営の軸足はどこに置いたらいいのか？

経営の軸足とは、経営者の信念や価値観、哲学ということです。
経営の軸足はとても大切です。

軸足がぶれると、経営が危うくなるからです。

例えば、すぐに分かることに軸足を置いた会社経営は衰退リスクが高いと言えます。すぐに分かることの代表例には、銭金、損得勘定、都合、好き嫌い、肩書やプライド等がありますが、銭金や損得勘定ばかりを優先していては、会社経営がうまくいきません。「損して得取れ」という言葉があるように、成功するには常に相手の利益を優先する気持ちが必要です。

わたしのエピソードを一つ紹介します。

友人の経営者と二人で、ある懐石料理店にお伺いした時のことです。

もともと馴染みのお店だったため、お昼の懐石が済むと、お店の店主も加わり三人の歓談が始まりました。しばらくたって、店主によんどころない事情が生じたらしく、その場はお開きになりました。店主が夜の厨房に立つこともできなくなったようです。その去り際に、板場を任せているナンバー2にかけたひと言が実に気の利いたものでした。

「今夜のお客様からは御代を頂かなくて結構です」と。

店主としては、自分の料理を楽しみに足を運んでくださるお客様から御代を取ったら申し訳ない、という気持ちから出たひと言だったのでしょうが、このひと言を聞いたわたしは、この方の料理は天下一品だが、経営者としても天下一品だなあと、しみじみ思いました。

「迷惑をおかけしたお客様から御代を頂戴しない」

「世間や人様に迷惑をかけるような商売はしない」

「人様を陥れてまで儲けを追求しない」

このようなモラルある姿勢は、時に経営を助け、時に経営者を救ってくれます。目の前の銭金や損得勘定だけでうまくいくほど、会社経営は甘くないのです。都合や好き嫌い、肩書やプライドも同じです。

顧客やライバルは、自分の都合や好き嫌い等にお構いなしで先に進んでいきます。肩書やプライドも、会社経営の足を引っぱるだけで、何の役にも立ちません。すぐに分かることに軸足を置いた会社経営は危険なのです。

軸足が決まれば経営はうまくいく

結論から言えば、すぐには分からないことに軸足を置いている会社経営は、成功をもたらします。

例えば、人の愛情、人のご縁、人のご恩、人の評価、成功のタイミングなどです。人からの愛情を理解するには、途方もない時間がかかりますが、愛情がもたらす影響は計り知れません。

親の愛情は最たる例で、わたし自身、四〇年以上かかってもまだすべてを理解するに至りませんが、人生の指針になり得る価値観の源泉になり、とても大切なものとして自分の中にあります。人としてもっと成長したい、もっと世間に貢献したい、といった気持ちの源泉も間違いなく親の愛情の影響です。

人のご縁やご恩も、その瞬間に答えが出ないことがほとんどです。

例えば、ずいぶんと長い時間を経てから、あの社員、あの取引先のご縁に助けられたことを思い出したり、年月を重ねるたびに人のご恩が身に染みる、といった経験は誰しもが持っているのではないでしょうか。

このように、すぐには分からないことほど、会社の成長の肥やしになります。

また、人の評価や成功のタイミングといった、すぐには分からないことに振り回されないマインドを持つことも大切です。

人の評価はすぐには分かりません。人によっては、お亡くなりになってから評価される方もいます。人の評価を気にしても意味はなく、自分が信じた道をひたむきに突き進むことの方がよほど大切です。

成功のタイミングもすぐには分かりませんし、そもそも成功の定義など、どこにもありません。

会社は、経営者が成功したと思った瞬間から衰退が始まります。

マイクロソフト社創業者で大富豪のビル・ゲイツ氏は「成功は最低の教師だ」と語っていますし、ユニクロ創業者の柳井正氏は「成功は一日で捨て去れ」と語っています。

成功しているかどうかはすぐには分からない、ということをよく分かっているからこその言葉だと思います。

他人に勝った負けたで成功を決めるのではなく、自分の信じるゴールに向かって成功するまで諦めない、あるいは、成功したかどうかの判断を次の世代に委ねる、という長い視点で成功を見つめることが、大きな成功を生み出すのです。

すぐには分からないことに軸足を置いて、一期一会の気持ちで周囲に感謝する、真意を理解するといった姿勢で会社経営に取り組むと、長期的な事業の成功に繋がります。

―経営者が持つべき六方心―

六方心とは、「前後左右」に加えて「上下」に対しても心して目を配る姿勢を表した言葉です。

副社長以下の人間は、常に自分の決断をチェックしてくれる人間が後ろにいますが、経営者にはいません。

経営者は最後の砦なのです。

六方心を持って、人一倍気を使って周囲に目を配らないと、どこかで失敗してしまいます。

六方心の姿勢は、優れた人徳も形成します。

会社経営に関わる関係者は沢山います。

外には、お客様、取引先、下請、販売店、株主等、内には、様々な社員がいて、様々な部門があります。

近江商人の三方良しではありませんが、関係者全員の幸せを実現するには、それぞれの立場を尊重する六方心の姿勢が欠かせません。

当然ながら、「自分だけ良ければすべて良い」という六方心の欠落した思考では、優れた人徳は身に付きません。

自己中心（自分中心の考え方）、自己独善（自分一人が正しい）、自善他悪（自分が正しく相手が間違っている）という近視眼的な思考に陥り、周囲から距離を置かれてしまい、早晩、業績が低迷してしまうでしょう。

六方心の実践は、「相手の立場に立つ」ということですが、こればかりは経験と体験で体得するしかありません。

相手の立場に立ち、相手の目線に合わせるために、意見の相違や性格の相違を受け入れる度量を持つことも大切です。

自分を変えて、会社を変える

「人間は、何かを決意し、
やる気になっただけでは何も変わらない」

「何かを変えるには、付き合う人間を変え、時間の使い方を変えなければならない」

日本の経営コンサルタントの草分け的存在である大前研一氏の有名な言葉にこのようなものがあります。

やる気を成果に変える環境作りなくして、未来は一ミリも変わりませんが、やる気になっただけで満足してしまう経営者は少なくありません。

自分の不足や苦手を補う新しい人間関係を構築する、あるいは、経営の計画や勉強を毎日一時間行う等、やる気を成果に変える環境作りをしなければ、経営者の力量も会社の業績も上がることはありません。

再建事例の失敗と成功の分岐点は、「努力の仕方」にあると言いましたが、突き詰めて考えれば、経営者が変わったか否かの差です。

経営が危機的状況に陥っている会社ほど、過去の自分を変える作業の成果が成功を左右します。経営者としてのマインドを変え、スキルを身に付け、過去の失敗を正していくことでしか、成功に近づくことはできません。

再建に成功する経営者は、変化を恐れることなく受け入れて、例外なく、見違えるほどの変化を遂げています。

自分を変えなければ、会社は何も変わりません。

会社経営に真摯に向き合っている経営者ほど、まったく違う知識や考えを持った人との対話から進歩が生まれます。自分のモノサシでは測れない交流が多いほど進歩が加速する、といった成長の法則を弁《わきま》えていて、年齢やジャンルの垣根を越えて、熱心に経営の勉強に取り組んでいます。

また、経営者は孤独な稼業であり、不足や間違いを忠告してくれる人が周りにはいません。成長するためには、自分自身を奮い立たせ、自分を律し、自分を正していかなければなりません。また、自分を高めてくれる指導者、メンターを持つことが大事です。

経営者という立場がどんなものであるのか、社長業という仕事がどんなものであるのかを深く理解している社長ほど、熱心に経営の勉強を継続し、自身の向上に努めています。

日頃から然るべき経営の勉強を続けていれば、会社は自ずと良い方向に進みます。

ぜひ、いますぐに、付き合う人間を変え、時間の使い方を変え、素晴らしい経営の成果を上げてください。

第4章

はまると危険！ ダメ社長の法則

——致命的な失敗を犯さないための羅針盤

ダメ社長はなぜダメなのか?～ダメ社長18の特徴

本章では、高い確率で経営に失敗するダメ社長の特徴を紹介します。

ダメ社長の特徴が分かれば、経営に成功する良い社長の在り方が見えてきます。成功したければ、失敗しなければいいだけです。

失敗と言っても、やっていい失敗と、会社を潰しかねない致命的な失敗があります。ダメ社長とは、会社を潰しかねない致命的な失敗に気付かない人です。ですから、絶えず自身の言動を顧みて、律していくための羅針盤が必要になります。それが、この第4章だと思ってください。

ずばり、会社経営において、トップにある者の「油断」「甘え」は、命取りになります。

まずは、ダメ社長の常識がどこにあるかをきちんと理解しましょう。
そして、課題や問題、悩みが生じた時に、再度本章を開いて読み返してみてください。それがセルフ診断になります。

01 社長の仕事をしない

社長が、社長の仕事をしないと、会社はあっさり衰退します。

人員不足が常態化している中小企業は、社長自身が現場の仕事をせざるを得ない状況下にあることが珍しくなく、社長の仕事を満足に遂行できていないケースがあります。

例えば、次の三点についてきちんと答えられるでしょうか？

「業績は誰が把握していますか？」
「経営改善の手を打っていますか？」
「会社の問題点を把握していますか？」

わたしが倒産の危機に瀕した中小企業の再建調査に入り、その会社の社長にこの質問をすると、ほとんどの社長から明確な答えが返ってきません。

業績が把握できなければ、会社の問題点を把握することはできません。会社の問題点が分からなければ、経営改善の手を事前に打つことができません。

信じられないかも知れませんが、年商五〇億を超える会社であっても、社長の仕事をしないで、経営に失敗しているケースもあるのです。

経営に失敗しないためにすべき社長の仕事は、「業績の把握」「経営課題の発掘」「目標の設定」「計画の作成と実行」「経営改善の推進」です。

これを忘れないでください。

社長の仕事に休みはありません。三六五日、いつ何時においても会社のことを考える習慣が大切です。

小さな中小企業が、大企業やライバル企業に勝つには、それくらいの意気込みと覚悟が必要です。

02 サラリーマン思考

サラリーマン思考の社長は、高い確率で経営に失敗します。

例えば、赤字経営であるにもかかわらず、社長の報酬だけは満額もらっているパターンは非常に多いです。この手の報酬相場は、月額一〇〇万円が多いのですが、業績が悪いにもかかわらず報酬だけは満額搾取する無責任な思考は、経営者としてあり得ないものです。

また、問題の先送り、挑戦なき経営、事なかれ主義、粉飾決算、失敗の正当化等、会社の衰退を招く原因を生み出すのも、サラリーマン思考の特徴です。

小さい会社ほど、サラリーマン思考が会社をダメにします。

経営責任を負わない思考に陥る社長の特徴は、創業家やオーナー家以外のサラリーマン社長、共同経営者体制の社長に多く見られます。

経営責任は社長にしか取れません。中小企業は社長が会社です。この意識があるかないかで、会社の成長スピードが変わります。

03 数字に弱い

経営に失敗する経営者は、例外なく全員数字に弱いです。つまり、会社経営の成功は、経営者の数字力が生命線です。

社長が数字に弱いから、会社の業績が理解できない。それはイコール、正しい現状分析ができていないということになります。そして、現状認識を誤り、経営課題を見誤ります。

経営課題の見誤りは、倒産の最たる原因であり、経営者の数字力が会社の盛衰を決定付けます。

また、経営の失敗リスクを引き上げる、利益より売上至上主義、会社のお金を横領される、手形取引が沢山ある、キャッシュフロー経営ができない、資金繰りが厳しい等、このすべてに引っかかるのが、数字に弱い社長です。数字の理解は、社長の必須スキルです。

数字に弱い社長であっても、数字の重要性を理解している社長は、必ず、数字に強い参謀役をそばに置いています。

04 どんぶり経営

どんぶり経営がうまくいくのは、せいぜい一代限りです。

二代も続けると、現状認識を誤ったり、検証の精度が著しく低下したりと、会社経営がボロボロになります。万が一、赤字経営に転落すると、少ない手がかりから再建の道筋を探すことになるので、リカバリーも大変です。

また、一時の運転資金を借金で凌いだ途端に、経営改善の手を緩める社長などは、どんぶり経営の典型例です。

どんぶり経営は、プラスのメリットが何もありません。

正しい月次決算書を作成する、商品や取引先の単体損益、あるいは部門別の損益を把握する、棚卸管理や原価計算をしっかり行う、減価償却を活用する等、どんぶり経営からの脱却が成功の秘訣です。

05 会社を私物化する

会社の私物化が過ぎると、企業の命である人材が離れ、優秀な人材ほど見切りをつけて離れてしまい、会社を潰していきます。

なかでも、行き過ぎた節税、公私混同、会社の損失を社員に補填させる、ブラック化（パワハラ、モラハラ、セクハラ、社員や取引先の奴隷化等）は私物化の最たる弊害で、社員のモチベーションを著しく低下させます。

社員の心が会社から離れると不満が噴出し、組織力と共に業績が下降します。

節税よりも成長投資、公私混同よりも分別ある会社経営、ブラック化よりも上品で社員想いの経営姿勢が大切なのは当たり前です。成功する社長は、例外なく自分の幸せよりも社員の幸せを優先します。

また、私物化するつもりがない社長でも、売上が伸び、経営の軌道が乗り始めた途端、経費を使い過ぎたり、ここまで会社を成長させたのは自分の力だと過信して、贅沢なお金の使い方をする人がいます。そうしたくなる気持ちは分かりますが、度が過ぎた経費の使い方は、従業員をしらけさせ、モチベーション低下に繋がる危険があります。

経営者には、調子が良くなった時ほど危険が潜んでいることを、再度お伝えしておきます。

06 器量が小さい

器量の小さいダメ社長の特徴としては、すぐに責任転嫁する、自分の非を正当化する、できる社員を遠ざける、プライドを優先する等が挙げられます。

社長の器量が小さいと、保身や隠ぺい体質、組織の硬直、社員の委縮などといった、会社の成長を阻害する要因を沢山生み出します。

また、遊びやゆとりのない窮屈な労働環境を社員に押し付けて、社長の存在自体が、社員のストレスの元凶になるケースもあります。

社長の器量以上に、会社は大きくなりません。

逆に、自分の欠点やできないことすら、少しも恥ずかしがらずに社員に晒《さら》している社長は、社員から愛され、信頼され、会社も発展しています。

07 後継者を育成しない

会社経営は、後継者がいなければ持続しません。しかも、中小企業の業績は、社長の能力に比例します。

後継者育成は、成功社長の絶対条件です。企業の盛衰は、商品・サービスではなく、社長ですべてが決まります。

後継者育成は最低でも一〇年かかります。

社長の座に固執している限り、後継者育成の成功はありません。自分の能力がピークを保っている間に、後継者育成を始めることです。

そして、経営をバトンタッチした後も、後継者の能力を見極める期間を設けることも大切です。

なお、後継者にバトンタッチした後も商売熱が冷めない場合は、自分の財産の範囲内で別会社を作ることをお薦めします。精神的にも金銭的にも、後継者に負担をかけない気遣いが大切です。

08 多角化に走る

多角化はリスク分散効果もあるため、すべてが悪いわけではありませんが、本業無視、投資話、儲け話、流行に飛びつく等の多角化は失敗リスクが高まります。

熟練の経営者は、安易な多角化に手を出したりしませんが、少し儲かってゆとりの出始めた新米社長は、結構な割合で手を出してしまいます。

多角化は、本業との相乗効果がなければ失敗します。

会社の資金がダブついてきたり、経営者同士の交友で新しい事業分野に興味を持ったり、隣の芝生が青く見えたり等、多角化の動機は様々ですが、安易な多角化ほど怖いものはありません。

09 成長投資しない

保守的で成長投資をしない会社は、絶対に発展しません。会社も人間も同じです。

ある経営者は、毎年の利益をすべて自分の取り分として資産管理会社に移管して、成長投資をほとんどしていませんでした。成長投資そっちのけで、事業に関係ない車や什器を購入して利益を圧縮している経営者も同類です。

この手の会社は、時間の経過と共に売上が停滞し始め、次第に会社が衰退していきます。

利益が出たら成長投資に振り向ける。

これが、会社経営の原則です。

成長投資の対象は、「顧客創造」「付加価値の研鑽」「社員教育と社員満足度の向上」の三つが必須です。

少ない予算からでも、成長投資を積み重ねていく姿勢が継続的な利益を生み、将来の大きな成長のもとを作り出します。

成長投資を大切にする社長自身も成長していきます。社長の成長が止まると従業員の成長も比例して止まり、リスクを負わない重たくて暗い雰囲気の会社になります。

10　借金で失敗する

借金は会社の成長に欠かせません。

無借金に固執して、利益の一部を成長投資に注ぎ込む場合と、利益を元手に数千万円の借金をして、利益以上の大きなお金を常に成長投資に注ぎ込む場合を比べたら、会社の成長スピードが速いのは明らかに後者です。

借金を元手にした経営は、自分の財布の中身を減らすことなく、少ない自己資金で大きな投資資金を動かすことができます。これをレバレッジが効いていると表現しますが、自己資金ゼロで投資資金を動かすことができればレバレッジという概念すらなくなります。

借金を元手に成長投資を加速させることは、決して悪いことではないのです。

ただし、借金には副作用があります。

当然ですが、借金は、利子を上乗せして返済しなければなりません。従って、借金ベースの成長投資が失敗すると、返済苦という地獄が待っています。

そのため注意すべきは、「素人分野の新規事業」「利益を生まない贅沢品や不動産購入」に決して使わないことです。

また、「運転資金を借り入れた途端に経営改善の手を緩める」といった行動も、失敗リスクを高めます。

「何のための借金か?」

「返済計画（事業計画）は万全か？」
「借入限度額を超過していないか？」

この三つのポイントが不透明だと、かなり高い確率で会社経営を傾かせることになります。特に、借入限度額は注意が必要です。

例えば、借入限度額を年商倍率で求める社長が多いのですが、年商倍率は返済能力を正しく示しません。年商が一〇〇億円あったとしても赤字経営では返済能力はゼロだからです。借入限度額は利益ベースで求めるのが正解です。

詳しい計算式等は、二二二ページからの「中小企業に適した経営指標一覧」で解説しているのでご覧ください。

もう一つ加えておきますが、

ある程度の借金は絶えず抱えていた方がよいのです。

借りたい時に新規借金を申し込んでも、手続きに相当な時間がかかるからです。日頃から借金をしている金融機関が一つでもあれば、短期間で追加融資を受けられます。

11 法律違反をする

法律順守は当たり前な話ですが、

異常に儲かっている会社と業績が著しく悪い会社ほど、法律違反に手を染めるケースが多いため、気を付けなければなりません。

わたしも、企業再生の現場で法律違反に遭遇したことがありますが、この手の情報は、経営者から知らされることはありません。社員面談の際に、社員から知らされることがほとんどです。

社員としては、良心の呵責《かしゃく》に耐えられないというのが正直な心情だと思いますが、法律違反が明るみに出れば会社が潰れて働き口がなくなるかも知れないという恐怖心があります。

ですから、社員の口から社外に漏れることはほとんどありません。

会社の法律違反や不正行為が外部に一切漏れない背景には、こうした弱者的立場の社員の存在があります。

また、法律違反をする会社に限って、損害リスクの認識が非常に甘いのも特徴的です。

中には「社長に代わってわたしが責任を取ります」と意気込む経営幹部もいますが、法律違反に伴う会社が受ける損害は、一人の社員が責任を取ったくらいで済むほど軽いものではありません。

法律違反や不正行為は、いつかは外部に漏れます。

そして、法律違反や不正行為が明るみに出た場合、資本力の乏しい中小企業は、高い確率で倒産します。

会社経営に関わる法律違反は多岐にわたります。

労働基準法違反（法定労働時間の超過や残業代の未払い等）、税法違反（脱税等）、会社法違反や金融商品取引法違反（粉飾決算等）、独占禁止法違反（販売価格の強制や不公正な取引の強要）等、沢山あります。

無知は最大の罪である、という言葉がある通り、知らなかったでは済まされないのが法律違反です。

12 問題社員を放置する

問題社員は、がん細胞のごとく会社経営を蝕《むしば》んでいきます。

問題社員を放置すると同調する社員が次々と現れ、最終的に、経営者VS.社員という構図に陥りやすくなります。末期状態になると、会社の規律や倫理観も弱まっていき、社内の雰囲気と共に業績がどんどん悪化します。

問題社員が倒産の足音を運んでくるのです。
実は、中小企業ほど問題社員の対処に甘さがあります。

例えば、経営能力のない身内を幹部に登用する、問題行動のある身内社員に甘い、といった状況はよく見受けられます。問題社員に対しては、いかに身内であっても、ほかの社員と同じように配置転換を促す、あるいは、減給・降格を断行することが必要です。

13 横柄な態度を取る

肩書だけで相手に威圧感を与えるのが社長という立場です。

そうした立場を自覚していない社長に限って、横柄な態度を取りがちです。周囲から横柄な人というレッテルを貼られると、社員や取引先から非協力的な態度を取られて、会社の成長が停滞します。

経営者は、人一倍、謙虚でなければなりません。

周囲に感謝する気持ち、過去を捨て去る順応力、自分の欠点を省みる客観力、自分の能力不足を補う向上心、至らない現状を打破する努力等、会社経営を成功に導く源泉は、どの組織も例外なく、すべてリーダーの「謙虚さ」から生まれます。

また、いつ何時、どこで、誰から見られても、表裏なく自然体でいられる上品な佇《たたず》まいも、謙虚さがなければ身に付きません。

「実るほど頭《こうべ》を垂れる稲穂かな」の言葉通り、経営者はその年輪と共に謙虚さを身に付けていく姿勢が大切です。

14 情報に疎い

社長にしかできない仕事は「決断」することです。

ダメ社長はこの決断が甘くなります。それは情報に疎いからです。

例えば、現場や社員から情報が上がってくるのを待つ、自分の能力不足を補う情報に興味を示さない、価値ある情報であってもお金がかかると分かるとそっぽを向く等の行動は典型例です。

正しい決断を支える根拠になる情報を甘く見ては失敗します。

成功社長ほど、積極的に情報を収集しています。

小さい会社ほど、社長の情報力が経営の成果を左右するのです。

15 変化に疎い

ダメ社長は変化に疎いことも共通しています。誰にでも分かるレベルの大きな変化（赤字転落や社員離職等）が訪れてから、ようやく変化に気が付き、慌てて対処しようとします。

変化は小さいほど対処しやすく、リスクが小さいのです。

成功社長ほど小さな変化を察知する能力が高く、大事に至る前に変化に適応できています。また、変化への適応が成長の源泉になることも、よく理解しています。なぜ変化に敏感になるのでしょうか？ それは、真剣だからです。

会社が大きくなればなるほど油断が大敵になることを熟知しています。

また、いままでこうだったからという、凝り固まった固定概念や判断基準にしがみついた経営姿勢もあるまじきものです。状況は常に変化しています。変化を捉えて適応する社長の姿勢は、真剣さから生まれるのです。

16 思考力が弱い

ダメ社長は思考力が弱いです。

考える力が弱いとも言えますが、そもそも、先にも述べた通り、社長の仕事は「決断」することです。

思考力が弱い社長は、決断から逃げています。

日常で頻繁に生じる経営のかじ取りの決断を疎かにしていては、大きな決断なんてできるわけがありません。

日頃から決断している社長は、常に考える癖が付いており、そのような社長に、大きな決断ミスは生まれません。

中小企業は、大きな決断ミスが倒産に直結するのです。

思考力には、知覚や感覚といった生身の人間に特有の感性も大きく関わっています。過去の経験やデータ解析といった論理的な思考力だけではなく、人間の感性を先読みする力、人間の感性に呼応する力、前例のない事柄に対応する力等の、非論理的部分に対応する思考力も高めなければ、新しい未来を創造することはできません。

これらもすべて、持って生まれた能力と言うより、決断の連続の中で培われるものなのです。

これからの時代は、経営者の思考力がビジネスの付加価値を生み出し、会社の実力を決定付けていきます。

17 意志が弱い

経営も、人を動かすのも、人を集めるのも、リーダーの意志の強さが柱です。社長の意志の弱さが決断できないことに繋がり、諦める、投げ出す、丸投げする、他人事、無責任、といった負の心理が社員に伝播して、組織全体の熱がどんどん冷めていきます。

成功への信念、志、執着を強く持って、成功するまでやり続ける意志を持つことが大切です。粘り強さこそ一番大切なのです。

また、「お金さえあればわたしも成功できる」「時間さえあればわたしも成功できる」といった受け身のスタンスではなく、「成功するためにお金を貯める」「成功するために時間を作る」といった、やると決めたら最後までやり切る強い意志がなければ、新たな道を創造することはできません。社長の強い意志は、成功に欠かせない決断力と実行力を高めるので、とても重要です。

18 経営ビジョンがない

経営ビジョンがないと、経営者の行動が行き当たりばったりに陥り、衰退リスクが飛躍的に高まります。

事実、わたしが再建に関わった中小企業のほとんどは、経営者が確固たる経営ビジョンを持っていなかったために事業活動が迷走し、業績が低迷していました。

経営ビジョンとは、組織の力を一点に集中させる力です。

経営ビジョンは、「将来のあるべき企業の姿」を明らかにしたものであり、そこに至るための方針や思考、並びに行動基準を明確にしたものです。

たった一代で一兆円企業を作った京セラ創業者の稲盛和夫氏と、日本電産創業者の永守重信氏は、創業するにあたり、販売計画、資金計画、生産計画よりも先に経営ビジョンを書き上げています。京セラは八人、日本電産は四人からスタートした会社ですが、真っ先に経営ビジョンに手を付けていることからも、その重要性が窺えます。

なお、経営ビジョン作りにおいて不可欠な要素は、「会社の強みとターゲット顧客を明確にする経営理念」「事業活動の生産性を高める数値目標」「社員の能力開発を後押しする教育方針」の三つです。

中小企業の場合は、創業者から代が下るたびに、経営ビジョンが曖昧《あいまい》になっていく傾向が強いのですが、経営ビジョンなくして会社の成長はありません。

第5章

デキる社長は数字に強い！

――会社の数字の上手な見方・使い方

会社経営は怖くない

会社経営に不安を覚える経営者は実に沢山います。

起業した会社がうまくいくのか、会社の先行きは大丈夫なのか、業績が好調な会社であっても、この先もうまくいくのか、社員の幸せを守り続けられるのか、といった不安を抱いている経営者は珍しくありません。また、会社経営に怖さを感じて起業を躊躇する人もいるかも知れません。

わたし自身、上場企業から中小企業に身を置いて会社経営に参画した当初は、沢山の不安を覚えましたし、怖さも感じました。

そうした不安や怖さがなくなったのは、数字の使い方が分かったからです。

どんなに業績の悪い会社であっても、恐怖心なく再建に向き合えるようになりましたし、業績の良い会社であっても、将来リスクを数字から読み解いて、危機感を持って先手を打つことができるようになりました。

不安を払拭する数字の使い方

不安を払拭する数字の使い方のコツは二つあります。

「お金の動きを見る」
「損益を見る」

起業して間もないうちは、お金の動きも損益も比較的分かりやすく、家計を回すのと同じ要領で、何となく会社の状態を理解しながら経営を采配することができます。

会社が大きくなると、お金の動きと損益が分かりづらくなります。そして、会社の経営状態が不透明になり、会社経営に対する不安や恐怖心が少しずつ大きくなっていきます。

この境界線は、年商一億円くらいです。

つまり、年商一億円を超えたあたりから、お金の動きと損益を見失いやすくなり、不安と恐怖心が生まれやすくなるのです。

なぜお金の動きを見失うのか？

お金の動きが見えなくなる典型例を紹介します。

会社が小さいうちは、社長自らが請求書をチェックして、売上の金額や売掛金の回収日を帳面に付けて、会社のお金の動きを把握します。万が一、金額の誤りや回収の遅れがあれば、素早く対応することも可能です。

会社が大きくなると、こうした作業を営業担当に丸投げし、最後は経理任せにしがちです。こうなると、売上管理が杜撰《ずさん》になり、会社のお金の動きが一層複雑になります。資金繰りの悩みは、こうした状況から生まれます。


お金の動きを見失うと、資金繰りが悪化しやすくなります。

ひとたび資金繰りが悪化すると、利益が出ているにもかかわらず、現金が一向に増えないという奇妙な現象が起き始めます。場合によっては、黒字倒産という残念な結果に終わる会社すらあります。

このパターンに陥る中小企業は多く、実際に、資金繰りに悩んでいる経営者は本当に沢山います。

お金の消える先は、大体決まっています。

大概は、売掛金や受取手形などの売上債権、商品や材料などの棚卸在庫、まったく現金を生み出さない不良在庫や遊休資産です。

これらの数字が利益以上に増えると、お金がなくなります。過分な棚卸資産、あるいは、不良在庫や遊休資産は、倉庫代や管理費用が余分にかかるので、さらにお金がなくなります。

なぜ損益を見失うのか？

会社が小さいうちは、社長自らが一つひとつの商品や取引先の損益をしっかり計算します。事業活動の損益が細かく頭に入っているため、コスト意識や利益意識が要所で働き、マイナスの損益に対して敏感でいられます。

会社が大きくなると、大概の会社は、損益計算がいい加減になります。

例えば、商品や取引先が増えるにつれて、あるいは、営業部門や製造部門が増えるにつれて、個別損益の管理がいい加減になるケースは非常に多いのです。赤字商品や赤字取引の悩みは、こうした状況から生まれます。

お金の動きと損益を見る方法

お金の動きと損益を見る方法は簡単です。

会社が小さかった頃に行っていた作業を仕組化すればよいだけです。

例えば、お金の動きは、売上、仕入、経費といった収支を資金繰り表に転記して、先行きを把握します。そして、社長自身が資金繰り表を見て、お金の動きを頭に入れるのです。お金の動きが分かると、事業活動が円滑になり、成長投資も上手にできるようになります。

損益を見る方法も簡単です。

商品や取引が増えようが、事業部門が増えようが、絶えず個別損益を計算し続けるのです。会社全体では黒字経営でも、個別損益を分析してみると、赤字商品や赤字取引が紛れ込んでいることが往々にしてありますが、個別損益を計算し続けると、そうした赤字リスクを早期発見することができます。

人件費の適正レベルは？

会社の数字の悩みの中で、人件費の悩みは群を抜いています。

人件費が多いのか少ないのか、売上に対して適正なのか否か、人を雇うべきか削減するべきか等、その悩みは様々ですが、会社が大きくなるにつれて、人件費の悩みが大きくなるケースは非常に多くなります。

人件費の適正レベルを測定する方法は難しくありません。

次の二つの経営指標を分析することで分かります。

「労働分配率」

「人時《にんじ》生産性」

労働分配率とは、経費を賄う売上総利益（粗利）が、どの程度人件費に支払われているかを示す経営指標です。人件費の適正可否の判定基準として活用できるので、日常的にチェックしておきたい指標です。

人時生産性とは、社員一人が一時間当たりに稼ぎ出す利益（収益）を示す経営指標です。収益に対して人員が過剰になると人時生産性が低下するため、人員調整の判断基準として活用できます。

また、盤石な経営体制を構築するには人時生産性を高めることが不可欠で、超重要指標と言っても過言ではありません。

なお、労働分配率と人時生産性の計算式と適正水準に関しては、二二二ページからの「中小企業に適した経営指標一覧」で紹介しています。

コストコントロールの基本

コストコントロールの基本は、上位五つのコストをしっかり管理することです。

ほとんどの会社は人件費が一位になり、二～五位は会社によって変わります。

上位のコスト構造には、その会社の特徴と経営者の癖が如実に表れます。

上位コストをライバルよりも低く抑える、あるいは、上位コストを使い過ぎない意識を強く持つことが、ライバルよりも優位なコスト構造を確立する秘訣です。

逆に、この部分に対するコスト意識が低下すると、必ず会社経営が行き詰まってきます。

衰退する会社ほど、コストコントロールが杜撰です。

また、成長投資の源泉になる減価償却費をしっかり管理・活用することも大切です。

減価償却費の本質を理解している経営者は、減価償却費でストックした現金を上手に成長投資に振り向け、大きなキャッシュフロー（プラスの現金収支）を生み出すスパイラルを作り出しています。

特に、減価償却資産が多い資本集約型の会社（主に製造業や装置産業）は、減価償却費の活用如何で会社の成長が決まるため、十分に意識してください。

―数字を経営に活かす方法―

会社を成長させる正しい経営サイクルの起点は数字です。

正しい経営サイクルを理解し、定着させている中小企業は決して多くありません。

例えば、わたしが接してきた多くの中小企業の経営者は、「いまより会社を発展させたい。けれども、どこから手を付けていいか分からない」、あるいは、「様々な手は尽くしているが効果を実感できない」等、みなさん漠然とした不安を抱えていました。

なぜ不安が漠然としているかと言うと、中小企業の正しい経営サイクルの核となる「数字を経営に活かす方法」が、経営者の身に付いていないからです。


次ページの図は、正しい経営サイクルを図解したものですが、起点は「数字」になります。

月次決算書だけでなく、お金の動きと個別損益等を含めた数字を起点に、業績を分析し、結果をみんなで共有し、協議・検証・修正し、実行することが、業績を上げる正しい経営サイクルです。

起点となる数字がいい加減だと、結果もいい加減になるので、数字の精度が重要です。

本章、並びに、第2章で解説した管理会計スキルをベースに数字の精度を磨いて、正しいサイクルを確立することが成功の秘訣です。

会社経営の正攻法サイクル

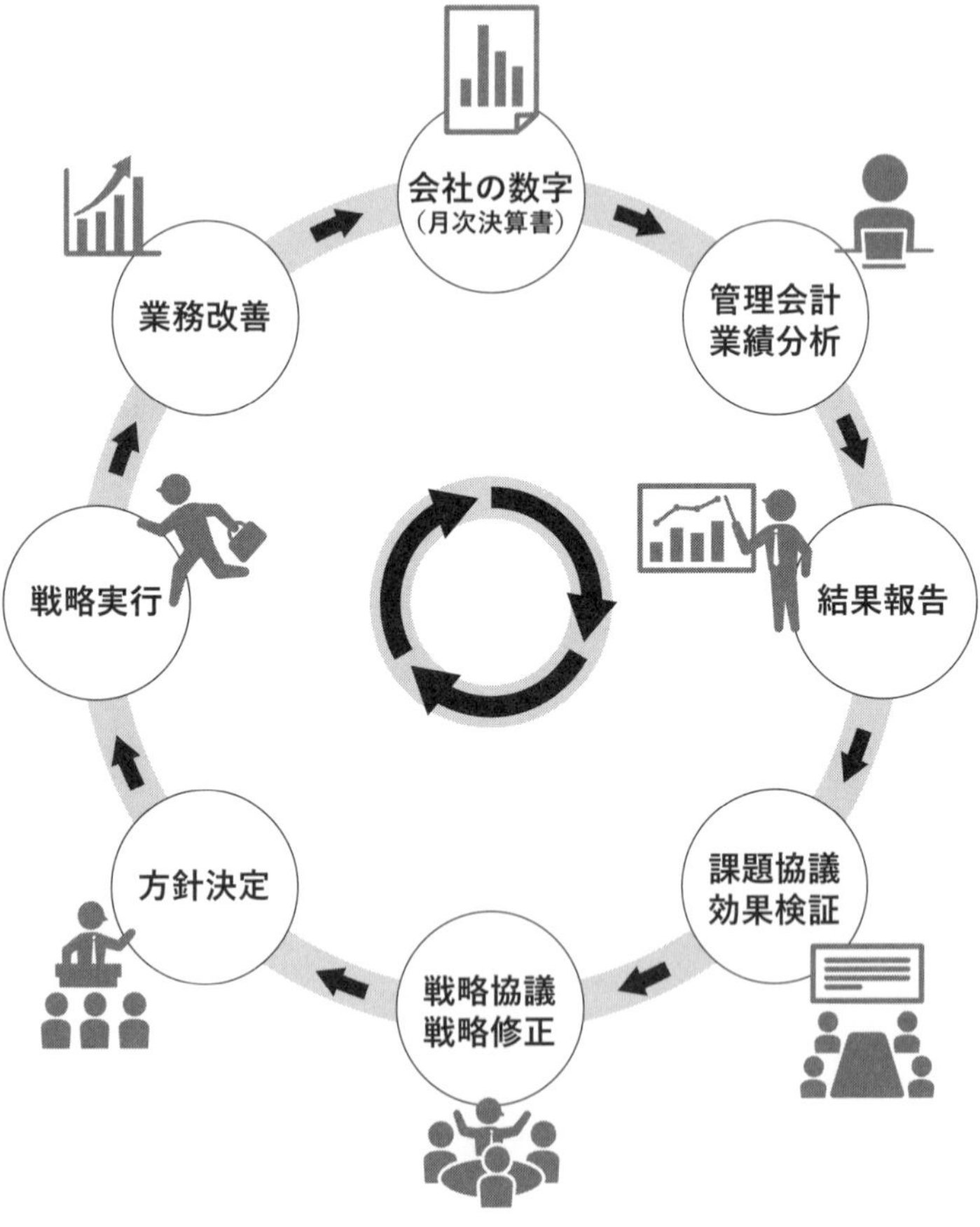

経営者が身に付けるべき経営スキルとマインドを高いレベルで習得することは簡単ではありませんが、本書で学んだことを実践し、経営サイクルを正しく回しているうちに、そうした能力はみるみる向上しますし、経営の失敗リスクがこれ以上高まることはありません。

巻末

成功を支える「管理会計」の基本

―管理会計入門―

管理会計とは車のメーターのようなもので、会社の経営状態や立ち位置を数字という客観的データで分かりやすく示す会計手法のことです。

会社の数字を有益な情報に変換・管理・運用する管理会計は、企業の経営力を高めるための経営者の必須ツールです。

事業活動の結果は、すべて数字に表れます。
数字が社長自身の評価、または成績表になります。

例えば、財務諸表に記載されている数字は紛れもない事実の羅列です。

財務諸表を見れば、資産がいくらある、負債がいくらある、売上がいくらある、利益がいくらある等、それぞれの実績金額を把握することができます。

しかし、資産と負債のバランスが適正なのか、売上の成長率は適正なのか、利益の水準は適正なのか等、会社経営の良し悪しを実績金額だけで判断するのは困難です。

つまり、何ら手を加えていない財務諸表のデータを眺めても、データの性質や意味を知ることはできず、経営を助ける情報にはなり得ないのです。

そこで活躍するのが「管理会計」です。

管理会計は、様々なデータ分析を通して、良質な根拠情報を生み出し、決断の質を高めます。

「管理会計の導入なくして中小企業の発展はない」

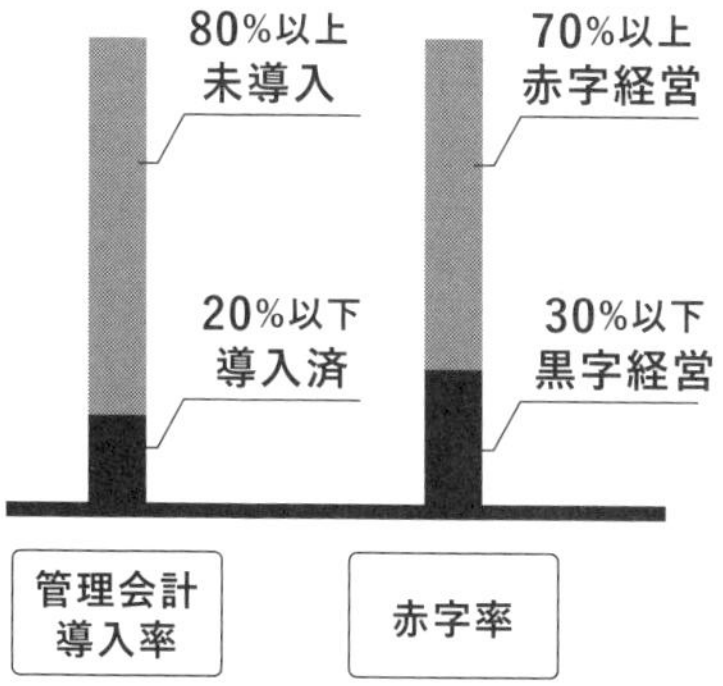

とまで思っています。しかし、意外とその導入率は低く、これは中小企業の経営状況と相関関係にあると言えます。

上のグラフの通り、中小企業の管理会計未導入率は八割程度と言われており、赤字経営率七割程度と相関関係にあります。

つまり、健全経営に管理会計は欠かせないという

ことです。

会社の大小に関係なく、不確定要素が多い経営環境を、経験と勘だけで乗り切れるほど会社経営は甘くありません。資本力に乏しい中小企業は、たった一つの決断ミスが命取りになることがあるため、正しい根拠情報を導く管理会計なくして、安定経営を実現することは不可能に近いのです。

管理会計を無視した会社経営というのは、目隠しで車を運転するようなものです。

また、管理会計を運用していると、経営者は自然と数字に強くなります。業績を伸ばしている経営者の多くは数字に強く、確実に管理会計を導入しています。

管理会計を活用するかしないかで、経営の質には、天と地ほどの差が出ます。衰退する会社は、例外なく管理会計を導入していません。

そして、管理会計を導入していない会社の経営者は、かなりの確率で数字に弱く、経営者が数字に弱いために会社が傾くケースは沢山あります。

衰退企業でも、例外なく利益水準が高くて好調な時期があります。このような会社を目の当たりにするたびに、「どうして好調な時期に管理会計を導入しなかったのだろう」と、忸《じく》怩《じ》たる想いを抱いたことは数知れません。

■管理会計のメリット

管理会計の主だったメリットは次の通りです。

メリット1 「経営が見える」

何よりも、経営が可視化されます。

小さな変化をいち早く察知することができるため、業績悪化の小さな芽をいち早く察知し、会社衰退のリスクを潰すことができます。また、実績値と適正値（目標値）との乖離が一目瞭然で把握でき、会社の健康状態が正しく把握できるので、決断の質が一層高まります。

メリット2「将来が見える」

一年後の業績予測が可能になります。良い面も悪い面も、事前に対策を講じることが可能になり、より効率的かつ効果的な会社経営が実現できます。また、将来が見えることで、漠然とした決断の不安が払拭されます。

メリット3「課題が見える」

具体的な経営課題が浮き彫りになります。決断の質も高まり、重要度別に優先順位を付けて経営課題に取り組むことで、よりスピーディーに会社を成長させることができます。

メリット4「効果が見える」

経営改善効果の数値変化が把握できます。自ずと経営改善効果の検証と実行サイクルのスピードが加速します。さらに、手ごたえをしっかり感じながら経営改善に取り組むことができるので、決断の質が一段と高まります。

メリット5「経営者が数字に強くなる」

経営者の業績理解が深まり、経営者の数字力が高まります。
また、経営者の決断の質が高まり、会社経営の成功確率が格段に上がります。

管理会計と財務分析の違い

管理会計と財務分析は、似て非なるものです。

管理会計は、内部分析に活用する会計手法で、財務分析は外部公表を前提とした会計手法だと覚えてください。
財務分析は、どんな会社であっても、おおよそ共通の公式や分析手法で会社の実態を外部に公表するために行う分析で、その分析結果は主に、株式市場や投資家向けの判断情報になります。従って、極めて高い公平性と透明性が求められます。

一方の管理会計は、内部分析に活用する会計手法で、いかに経営の実態を掴むか、あるいは、いかに経営に役立つ数字を導き出すか、という点が運用の基本になります。従って、業種業態によって計算手法が変わることもあれば、その会社に適したオリジナルの分析手法も沢山あります。

業績集計表の効果

第2章で紹介した管理会計手法の一つである「業績集計表」の最大のメリットは、未来の業績を予測できることです。

多くの中小企業は、未来の業績を予測する確かな術を持っていません。

「前年同月対比で一喜一憂する経営者」
「一年ごとの決算比較で業績を確認する経営者」

「未来の業績を予測せずに、勘と経験に頼った経営を続けた結果、ある日突然、資金繰りに苦しみ始める経営者」

多くの経営者に馴染みがある前年同月対比は、使い物になりません。季節要因や特需要因が混入すると比較が成立しなくなるからです。

このような手法に終始していると、会社の業績が昨年よりも良いのか悪いのかがまったく分からなくなります。

決算を迎えて初めて、業績の実態に気が付くのが関の山です。

しかし、決算書を数期分並べて、翌年の業績を予測するのでは遅過ぎます。

最低でも、毎月の月次決算が確定した時点で、業績の良し悪しを判定し、今後の業績の見通しを立てなければ、競争に付いていくことはできません。

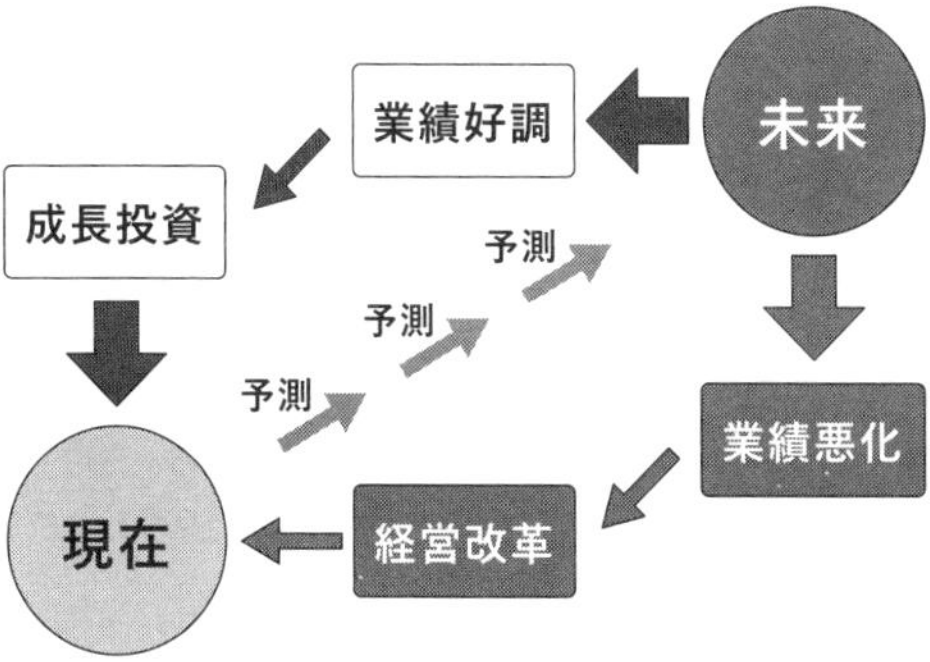

倒産の危機に瀕する中小企業は、「助けを求める一年前にすでにデッドライン（資本欠損・債務超過）を越えている」という共通の特徴を持っています。

つまり、一年前に然るべき手を打つことができていれば、倒産の危機に瀕することはなかったということです。

精度の高い未来予測が可能になれば、業績好調の見通しを元に積極投資の検討を、あるいは、業績悪化の見通しを元に経営改革の検討を、というように、将来の経営状況に合わせた正しい決断を先手先手で行うことができます。

また、正しい未来予測を元にした経営改善のサイクルが早まるほど、会社の衰退リスクが小さくなります。

そうした業績予測を可能にするのが「業績推移表」です。

視覚的に会社の業績推移が把握できるため、数字が苦手な経営者でも会社の数字を正しく理解できます。

業績集計表のサンプル

業績推移表のサンプルと作成要領は次の通りです。

■B／S業績推移表

まずは、貸借対照表を元に作成する業績推移表のサンプルです。

▼作成のポイント

・貸借対照表の各項目の残高金額を転記します。
・金額は一〇〇〇円単位、一〇〇万円単位など、省略記載で大丈夫です。
・転記する基本項目は表サンプルの通りですが、モニタリングした方がよい項目があれば追記します。
・重要経営指標である当座比率と自己資本比率の計算欄を設けます。

貸借対照表　業績推移表（サンプル）

（千円単位）

科目	前月増減	直近 x年12月	→ x年11月	→ x年10月	→ x年9月	→ x年8月	→ x年7月	→ x年6月	→ x年5月	→ x年4月	→ x年3月	→ x年2月	過去 x年1月
流動資産	100	10,000	9,900	9,800	9,700	9,600	9,500	9,400	9,300	9,200	9,100	9,000	8,900
（現金預金）	100	5,000	4,900	4,800	4,700	4,600	4,500	4,400	4,300	4,200	4,100	4,000	3,900
（売掛金）	0	2,000	2,000	2,000	2,000	2,000	2,000	2,000	2,000	2,000	2,000	2,000	2,000
（受取手形）	0	1,000	1,000	1,000	1,000	1,000	1,000	1,000	1,000	1,000	1,000	1,000	1,000
（当座資産 小計）	100	8,000	7,900	7,800	7,700	7,600	7,500	7,400	7,300	7,200	7,100	7,000	6,900
（棚卸資産）	0	1,000	1,000	1,000	1,000	1,000	1,000	1,000	1,000	1,000	1,000	1,000	1,000
（その他流動資産）	0	1,000	1,000	1,000	1,000	1,000	1,000	1,000	1,000	1,000	1,000	1,000	1,000
固定資産	100	5,000	4,900	4,800	4,700	4,600	4,500	4,400	4,300	4,200	4,100	4,000	3,900
（有形固定資産）	100	3,000	2,900	2,800	2,700	2,600	2,500	2,400	2,300	2,200	2,100	2,000	1,900
（無形固定資産）	0	500	500	500	500	500	500	500	500	500	500	500	500
（投資その他資産）	0	1,500	1,500	1,500	1,500	1,500	1,500	1,500	1,500	1,500	1,500	1,500	1,500
繰延資産	0	1,000	1,000	1,000	1,000	1,000	1,000	1,000	1,000	1,000	1,000	1,000	1,000
資産の部合計	200	16,000	15,800	15,600	15,400	15,200	15,000	14,800	14,600	14,400	14,200	14,000	13,800
流動負債	-100	6,000	6,100	6,200	6,300	6,400	6,500	6,600	6,700	6,800	6,900	7,000	7,100
（買掛金）	0	3,000	3,000	3,000	3,000	3,000	3,000	3,000	3,000	3,000	3,000	3,000	3,000
（未払金）	0	2,000	2,000	2,000	2,000	2,000	2,000	2,000	2,000	2,000	2,000	2,000	2,000
（短期借入金）	-100	1,000	1,100	1,200	1,300	1,400	1,500	1,600	1,700	1,800	1,900	2,000	2,100
固定負債	-100	2,000	2,100	2,200	2,300	2,400	2,500	2,600	2,700	2,800	2,900	3,000	3,100
（長期借入金）	-100	1,000	1,100	1,200	1,300	1,400	1,500	1,600	1,700	1,800	1,900	2,000	2,100
（長期未払金）	0	1,000	1,000	1,000	1,000	1,000	1,000	1,000	1,000	1,000	1,000	1,000	1,000
負債の部合計	-200	8,000	8,200	8,400	8,600	8,800	9,000	9,200	9,400	9,600	9,800	10,000	10,200
資本金	0	1,000	1,000	1,000	1,000	1,000	1,000	1,000	1,000	1,000	1,000	1,000	1,000
利益剰余金	400	7,000	6,600	6,200	5,800	5,400	5,000	4,600	4,200	3,800	3,400	3,000	2,600
純資産合計	400	8,000	7,600	7,200	6,800	6,400	6,000	5,600	5,200	4,800	4,400	4,000	3,600
負債及び純資産の部	200	16,000	15,800	15,600	15,400	15,200	15,000	14,800	14,600	14,400	14,200	14,000	13,800
当座比率	3.8%	133%	130%	126%	122%	119%	115%	112%	109%	106%	103%	100%	97%
自己資本比率	1.9%	50%	48%	46%	44%	42%	40%	38%	36%	33%	31%	29%	26%

・直近の数字を常に左端に転記し、過去の数字を右側に寄せます。
・常に直近一年分程度の最新の数字が表示されるようにします（古い数字は重要度が落ちるので、表示する必要はありません）。

▼チェックポイント
・前月と比較して、数字の良し悪しを判断します。
・現預金と純資産の金額推移（増加は良好・減少は悪化）と、当座比率と自己資本比率の数値（プラス改善は良好・マイナスは悪化）を毎月チェックしてください。また、適正水準よりも下回っている場合は、経営改善にしっかり取り組んでください。

■P／L業績推移表

続いて、損益計算書を元に作成する業績推移表のサンプルです。

▼作成のポイント
・損益計算書の各項目の年計金額を転記します。例えば、四月の年計は、前年五月から当

損益計算書　業績推移表（サンプル）

（千円単位）

項目	直近 x年12月	→ x年11月	→ x年10月	→ x年9月	→ x年8月	→ x年7月	→ x年6月	→ x年5月	→ x年4月	→ x年3月	→ x年2月	過去 x年1月
売上高	100,000	99,000	98,000	97,000	96,000	95,000	94,000	93,000	92,000	91,000	90,000	89,000
売上原価	40,000	39,900	39,800	39,700	39,600	39,500	39,400	39,300	39,200	39,100	39,000	38,900
売上総利益	60,000	59,100	58,200	57,300	56,400	55,500	54,600	53,700	52,800	51,900	51,000	50,100
販売管理費	50,000	49,900	49,800	49,700	49,600	49,500	49,400	49,300	49,200	49,100	49,000	48,900
（人件費 合計）	25,000	24,950	24,900	24,850	24,800	24,750	24,700	24,650	24,600	24,550	24,500	24,450
（会議費）	2,500	2,495	2,490	2,485	2,480	2,475	2,470	2,465	2,460	2,455	2,450	2,445
（交際費）	2,500	2,495	2,490	2,485	2,480	2,475	2,470	2,465	2,460	2,455	2,450	2,445
（旅費交通費）	2,500	2,495	2,490	2,485	2,480	2,475	2,470	2,465	2,460	2,455	2,450	2,445
（広告宣伝費）	2,500	2,495	2,490	2,485	2,480	2,475	2,470	2,465	2,460	2,455	2,450	2,445
（消耗品費）	2,500	2,495	2,490	2,485	2,480	2,475	2,470	2,465	2,460	2,455	2,450	2,445
（水道光熱費）	2,500	2,495	2,490	2,485	2,480	2,475	2,470	2,465	2,460	2,455	2,450	2,445
（通信費）	2,500	2,495	2,490	2,485	2,480	2,475	2,470	2,465	2,460	2,455	2,450	2,445
（地代家賃）	2,500	2,495	2,490	2,485	2,480	2,475	2,470	2,465	2,460	2,455	2,450	2,445
（減価償却費）	2,500	2,495	2,490	2,485	2,480	2,475	2,470	2,465	2,460	2,455	2,450	2,445
（その他）	2,500	2,495	2,490	2,485	2,480	2,475	2,470	2,465	2,460	2,455	2,450	2,445
営業利益	10,000	9,200	8,400	7,600	6,800	6,000	5,200	4,400	3,600	2,800	2,000	1,200
売上原価率	40%	40%	41%	41%	41%	42%	42%	42%	43%	43%	43%	44%
売上総利益率	60%	60%	59%	59%	59%	58%	58%	58%	57%	57%	57%	56%
売上成長率	112%	111%	110%	109%	108%	107%	106%	105%	104%	103%	102%	101%
売上総利益高営業利益率	17%	16%	14%	13%	12%	11%	10%	8%	7%	5%	4%	2%
総労働時間（単位：h）	24,000	24,000	24,000	24,000	24,000	24,000	24,000	24,000	24,000	24,000	24,000	24,000
人時生産性（単位：円）	417	383	350	317	283	250	217	183	150	117	83	50

年四月までの一二カ月分の業績を合計すると計算できます。

・金額は一〇〇〇円単位、一〇〇万円単位など、省略記載で大丈夫です。

・転記する基本項目は表サンプルの通りですが、人件費合計以外の販売管理費は、金額が多い順から並べて転記します（金額の多い経費をしっかりコントロールすることが利益を最大化するコツです）。

・直近の数字を常に左端に転記し、過去の数字を右側に寄せます。

・常に直近一年分程度の最新の数字が表示されるようにします（古い数字は重要度が落ちるので、表示する必要はありません）。

▼チェックポイント

・前月と比較して、数字の良し悪しを判断します。

・売上と営業利益の金額推移（増加は良好・減少は悪化）と、売上成長率と売上総利益高（粗利高）営業利益率と人時生産性の数値（プラス改善は良好・マイナスは悪化）を毎月チェックしてください。また、適正水準よりも下回っている場合は、経営改善にしっかり取り組んでください。

一中小企業に適した経営指標一覧一

実践で使える中小企業に適した経営指標を紹介します。

基本的にすべての業種業態に通用する指標です。

各経営指標の概要と計算式と共に、適正水準を優良・標準・危険の三段階に分けて提示しています。現状と目標が明確になるため、ぜひ分析してみてください。

■売上高成長率

売上高成長率とは、会社の売上がどの程度成長したかを示す経営指標のことです。

売上高成長率は、売上伸び率、あるいは売上伸長率とも言いますが、売上高成長率を見れば、その会社の将来性が自ずと見えてきます。

計算式：｛（当期売上高－前期売上高）÷前期売上高｝×一〇〇

優　良：六～一二〇％

標　準：五％
危　険：マイナス

▼ワンポイント

売上高成長率を計算する際は、必ず年計で売上高を集計します。

単月比較は、季節変動や特需に伴い結果が乱高下するのであてになりません。

また、成長率が二〇％超の場合は、注文処理がパンク、製造がキャパオーバー、人員不足で業務効率と品質レベルが低下等、経営管理体制に綻《ほころ》びが生じる可能性が高まります。

さらに、急成長が流行によるものだと、急成長に乗じた大型投資が仇《あだ》となって、会社が倒産するケースもあります。会社が急成長した時ほど気を引き締めて、堅実な会社経営を心がける必要があります。

また、営業利益金額、現金残高の成長率を同じ要領で計算すると、企業成長率が分かります。「売上」「利益」「現金」の増加は、経営を続けるための必須条件ですから、毎月チェックしましょう。

■売上総利益高営業利益率

売上総利益高営業利益率（粗利高営業利益率）とは、会社の収入（売上総利益）に対する営業利益の構成比率のことです。利益拡大は会社経営の最重要課題なので、極めて重要な指標です。

計算式：（営業利益÷売上総利益高）×一〇〇
優　良：二〇％
標　準：一〇％
危　険：マイナス

▼ワンポイント
売上総利益高営業利益率が標準〜優良水準に達していても、営業利益金額が小さいと成長が鈍化します。必ず、売上（営業利益金額）を拡大するという目標を忘れないでください。

また、優良水準を超過している場合は、儲かり過ぎに対する注意が必要です。

例えば、一時的な流行に乗っている、社員の給料が異常に安い、保守修繕が不足している、取引先に無理を押し付けている等、会社の内外に歪みが出ていないかどうかを確認する必要があります。会社の内外に歪みがあると、成長が一転して、あっという間に会社が衰退することがあります。急成長の後に倒産する会社はほとんどがこのケースです。主だった歪みがないようであれば、優良水準を超過していても問題ありません。

■当座比率

当座比率とは、会社の支払能力（安全性）を示す経営指標です。

当座比率は、一年以内に現金化される流動資産の中でも換金性の高い現金、売掛金、受取手形等の当座資産と、一年以内に支払期限が到来する流動負債を用いて計算します（換金性の低い棚卸資産や仕掛品等は当座資産に含みません）。

計算式：（当座資産÷流動負債）×一〇〇

優　良：一二〇％以上

標　準：九〇％以上

危　険：七〇％以下

▼ワンポイント

会社はお金がなくなると倒産します。

流動比率よりも支払能力（安全性）を正確に示す当座比率のチェックは大変効果的です。なお、本指標の適正水準は、業種業態によって違いがあります。その場合は、定点観測をお薦めします。

当座比率の改善は、営業利益とキャッシュフローを強く意識すると効果的です。

■自己資本比率

自己資本比率とは、会社の総資本（自己資本と他人資本の合計）に占める自己資本の構成比率のことで、会社の資本力や経営の安全性を示す経営指標です。

計算式：〔自己資本（純資産）÷総資本（負債の部と資本の部の合計）〕×一〇〇

優　良：五〇％以上

標　準：二〇％以上

危　険：一〇％以下

▼ワンポイント

自己資本比率が標準よりも劣っているからと言って、会社の経営状態が悪いと断定することはできません。

例えば、銀行借入を中心に資金調達を行い、グングン成長している中小企業の自己資本比率は標準を下回っているケースが多いのです。この場合、成長投資が糧《かて》となって、現金水準と利益水準が標準を上回っていれば、会社の安全性に問題はありません。

なお、自己資本比率が高い企業は、買掛金や借金等の他人資本が少なく、自己資本の代表格である現預金と純資産が多くなっています。また、現金化のスピードが速いキャッシュフロー重視の経営を行っていて、資本効率の高い経営が実践されています。

このほかにも、利益水準が高い、在庫が少ない、設備の減価償却が速い、不良債権や不良資産が少ない、といった特徴も挙げられます。一方、自己資本比率が低い会社は、すべて逆の症状が出ます。

■人時生産性

人時生産性とは、社員一人が一時間当たりに稼ぎ出す利益（収益）を示す経営指標です。人時生産性が高い会社は少ない人員と時間で大きな利益を、人時生産性の低い会社は沢山の人員と時間で少ない利益を生み出している、ということが分かります。盤石な経営体制を構築するには人時生産性を高めることが不可欠で、超重要指標です。

計算式：営業利益÷総労働時間
優良：増加
標準：微増、キープ
危険：減少、マイナス

▼ワンポイント
人時生産性を計算するには、全従業員の労働時間と会社の収益を算定する必要があります。会社の収益には、売上、売上総利益、営業利益と様々ありますが、ここでは会社の本業の収益を示す「営業利益」を採用しています。全従業員の労働時間は、役員、社員、パート等

を含む全従業員の労働時間の合計が計算の基準になります。営業利益と総労働時間は年計を採用し、前月の数値と比較することで、人時生産性の適正判定を行います。

会社の利益が増加傾向にあっても、残業増加や人員過剰で労働効率が悪化すると、人時生産性も悪化します。いかにして少数精鋭体制を構築するかが人時生産性を高める鍵となります。

なお、人時生産性がマイナス金額だと、赤字経営ということです。社員が一時間働くたびに、借金の額が増加するようなもので、早急に経営改革の手を打たなければなりません。

人時生産性を計算すると、会社の収益性や労働生産性だけでなく、労働環境の良し悪しも分かるため、日常的に運用することをお薦めします。

■人時生産性と労働分配率の業界水準

人時生産性については、労働分配率（売上総利益に占める人件費の構成比率）の高いコールセンター等、労働集約型の業界は低い傾向にあり、労働分配率の低い製造業など、資本集約型の業界は高い傾向にあります。

◎人時生産性が低い業界

人時生産性が低い労働集約型の代表例は「コールセンター」です。コールセンターの運営には沢山の人員（電話オペレーター）が必要な反面、そのほかの費用はさほどかかりません。なぜなら、拠点は地代（家賃）の安い地方が多く、地代以外の経費も、電話通信費以外は大してかからないからです。

このように、人件費以外の費用に比べて人件費の費用割合が著しく大きいのが、労働集約型の特徴であり、このような産業は、総じて人時生産性が低くなります。

なお、労働分配率の計算方法と、この業界の標準水準は次の通りです。

計算式：（人件費÷売上総利益）×一〇〇

標　準：六〇～七〇％

◎人時生産性が高い業界

人時生産性が高い資本集約型の代表例は、無人化が進んでいる「製造業」です。

無人化が進んでいる製造工場は、監督する人間が少なくて済み、ほとんどが機械任せの運営になりますが、一方で、人件費以外の費用が沢山かかります。

例えば、機械のリース代やメンテナンス費用、減価償却費用等です。このように、人件費以外の費用に比べて人件費の費用割合が著しく小さいのが、資本集約型の特徴であり、このような産業は、総じて人時生産性が高くなります。

また、美容サロン等の「サービス業」も、人時生産性が高い水準の資本集約型の代表例として挙げられます。

理由は、利便性の高い駅近で競争を強いられる美容サロン等のサービス業は、地代相場が高い駅近のテナントに入居するケースが多く、テナント料のほか、多額の広告宣伝費や設備代等、人件費以外の費用が多くかかるからです。美容サロンのほか、ブランドショップ、アパレルショップ、不動産屋、駅近飲食店、歯科医院、弁護士事務所等も資本集約型の産業に近く、人時生産性が高いケースが多いです。

なお、労働分配率の計算方法と、この業界の標準水準は次の通りです。

計算式：（人件費÷売上総利益）×一〇〇

標　準：三〇％

◎人時生産性が標準の業界

人時生産性が標準の業種は、労働集約型と資本集約型の中間に位置するスーパー等の小売業、飲食業、卸売業等です。

このような産業は、標準的な労働分配率をキープしつつ、人時生産性を高めることが業績改善の正攻法になります。

なお、労働分配率の計算方法と、この業界の標準水準は次の通りです。

計算式：（人件費÷売上総利益）×一〇〇

標　準：四〇～五〇％

■借入限度額

借入限度額とは、金融機関等からの借入を検討する際に設定する借入金の限度額を明らかにする経営指標です。

ここでは、借入金を調達する側の会社が、自己防衛のために自分で設定する借入限度額の計算式を紹介します。

計算式：過去三年分の経常利益の平均×五〇％×〔五～一〇〕

▼ワンポイント

例えば、過去三年分の経常利益の平均が一〇〇〇万円であれば、一〇〇〇万円×五〇％×〔五～一〇〕＝「借入限度額二五〇〇万円～五〇〇〇万円」ということになります。〔五～一〇〕と係数に幅があるのは、会社の経常利益が拡大中なのか、あるいは縮小中なのかによって、係数を使い分けるためです。

年商に関係なく、会社の収益性から借入限度額を計算するため、返済能力の安全性が考慮された借入限度額が分かります。

この方法で計算すると、借金過多に陥ったり、借入金の返済苦に陥ったりするリスクがほとんどなくなります。

■売上占有率

売上占有率とは、会社全体の売上を占める販売先一社当たりの売上構成比率のことで、販売先のリスク管理に欠かせない経営指標です。

計算式：（販売先一社当たりの売上÷会社全体の売上）×一〇〇
優　良：五％以下
標　準：一〇％以下（四社以上あると危険）
危　険：二〇％以上（一社でもあると危険）

▼ワンポイント
売上占有率が危険水準の販売先がある場合は、早急に販売先の新規開拓、新商品の投入等のリスク分散対策を講じる必要があります。

万が一、課題を先送りして、当該販売先が消滅、あるいは倒産してしまったら、連鎖倒産が現実のものになります。


以上が、実践で使える中小企業に適した経営指標です。

いずれも会社経営の成功に欠かせない指標であり、優良水準が目標になります。

なお、優良水準が実態と合っていない場合は、定点観測（同じ方法で継続的にある一定の項目を観察し、以前のものと比較してその差異を分析すること）してください。この場合は、今日よりも明日というように、過去の実績を超えることが正しい目標になります。

おわりに

中小企業に対する世間の目は厳しく、中小企業が日本経済の足を引っぱっていると指摘する経済学者も見かけます。

確かに、中小企業の約七割が赤字経営に陥っていると言われています。中小企業が日本経済の足を引っぱっている側面はあるのかも知れません。

しかし、大企業の利益の犠牲になっている中小企業が多いのも事実です。

また、市場縮小や人手不足といった経済の歪みを押し付けられているのも、中小企業の方が圧倒的に多いのです。

さらに、資金調達に限りのある中小企業は大企業に比べて成長投資の規模が小さく、スピードもかなり遅い。

こうした不利な環境もあってか、一時は業績が良くても、少しのきっかけで会社が倒産の危機に瀕する中小企業は数多くあります。

経営者が無能だから会社が衰退すると思われている方が多いのですが、会社が衰退するのは、経営の失敗と成功の法則を知らないだけのことなのです。

業績が低迷している会社の経営者であっても、成功のメソッドさえ分かれば、難なく会社を成長軌道に乗せてしまうケースは数多く存在します。

社長の椅子には、選ばれし者しか座れません。

勉強の出来不出来や、経歴の良し悪し等に関係なく、社長になるべくしてなるのが経営者という立場です。しかも、社長業は、会社の中でたった一人しか経験することができない特別な仕事です。

経営者は孤独や不安も沢山抱えていますが、儲かる会社経営を実現できれば、人並み以上の幸せを勝ち取ることができます。それが社長業の醍醐味であり、経営者の楽しみではないかと思います。

中小企業経営の実践に役立つ本、経営者のバイブルとして代々読み継がれる本、起業家や後継者に役立つ本、ボロボロに読み込まれても社長室の本棚にずっと残る本、本書はそんな内容を目指して書き上げました。

業績の伸び悩みを抱えている経営者はもちろんですが、どちらかと言えば、儲かっている会社の経営者にこそ読んで頂きたい内容だと思っています。

最後に。普通の本は「一回読んだらおしまい」が常識ですが、本書は違います。教科書仕立てなので、定期的に繰り返し読み込むことで経営課題が発掘できたり、経営姿勢の修正が働いたりと、時間の経過や経営環境の変化と共に、必ず新しい発見ができます。繰り返し読むことで会社の衰退予防になります。まさに一度買ったら手放せない一冊になるはずです。

本書が、あなたの会社経営の糧になれば、望外の喜びです。

令和元年九月吉日

伊藤敏克

伊藤敏克（いとう・としかつ）

1976年生まれ。ビジネスコンサルティング・ジャパン(株)代表取締役社長。

業界最大手の一部上場企業に約10年間在籍後、中小企業の経営に参画。中小企業経営の傍ら、法律会計学校にて民法・会計・各種税法を習得し2008年4月にビジネスコンサルティング・ジャパン(株)を設立。その後、経営コンサルタントとして様々な会社の経営指導を行う。

経営者への指導実績は100名以上、さらに数十社を超える赤字企業の事業再生にも携わり、指導会社の営業利益を20倍にした実績も持つ。独自の経営ノウハウを公開している運用サイト「中小企業を支える経営ノウハウ情報局」は月間10万人以上が訪れ、人気コラムのメルマガ会員は2000名を超える。各業界団体の講演実績も多数。

本書と併せてWEBで勉強！「中小企業を支える経営ノウハウ情報局」と、読者特典の応募方法はこちら。
URL：https://bcj-co.jp/

小さな会社の「安定経営」の教科書

85の実話から見えた“衰退”の原理・原則

初版1刷発行 ● 2019年9月26日
2刷発行 ● 2019年12月6日

著者

伊藤《いとう》 敏克《としかつ》

発行者

小田 実紀

発行所

株式会社Clover出版
〒162-0843 東京都新宿区市谷田町3-6 THE GATE ICHIGAYA 10階 Tel.03(6279)1912 Fax.03(6279)1913
http://cloverpub.jp

印刷所

日経印刷株式会社

©Toshikatsu Ito 2019, Printed in Japan

ISBN978-4-908033-37-7 C0034

乱丁、落丁本は小社までお送りください。送料当社負担にてお取り替えいたします。
本書の内容を無断で複製、転載することを禁じます。

本書の内容に関するお問い合わせは、info@cloverpub.jp宛にメールでお願い申し上げます